我的青春我的梦

全国中学生校园美文精品集萃丛书

年华偷换，换得寸心凌云

在时光里暗自生长

《中学生博览》杂志社 选编

时代文艺出版社

图书在版编目（CIP）数据

在时光里暗自生长 /《中学生博览》杂志社选编．—长春：时代文艺出版社，2018.8（2023.6重印）
（“我的青春我的梦”全国中学生校园美文精品集萃丛书）

ISBN 978-7-5387-5757-6

Ⅰ. ①在… Ⅱ. ①中… Ⅲ. ①作文－中学－选集 Ⅳ. ①H194.5

中国版本图书馆CIP数据核字（2018）第005505号

出品人　陈　琛
产品总监　郭力家
责任编辑　徐　薇
装帧设计　李　斌
排版制作　隋淑凤

在时光里暗自生长
《中学生博览》杂志社　选编

出版发行 / 时代文艺出版社
地址 / 长春市福祉大路5788号　龙腾国际大厦A座15层　邮编 / 130118
总编办 / 0431-81629751　发行部 / 0431-81629758
官方微博 / weibo.com / tlapress
印刷 / 北京一鑫印务有限责任公司
开本 / 700mm × 980mm　1 / 16　字数 / 153千字　印张 / 11
版次 / 2018年8月第1版　印次 / 2023年6月第5次印刷　定价 / 34.80元

图书如有印装错误　请寄回印厂调换

编 委 会

目录

在时光里暗自生长

十月照相馆

刺猬小姐你不要哭

时光不过半笼月

我最想环游的世界就是你

在时光里暗自生长

“请问丁依晴在吗？”他礼貌有礼的微笑问道。

“丁依晴有人找——”班里的目光，齐刷刷地转移到了窗外。我突然闻见了谣言的味道。

我看了林妙可一眼，尴尬地跑出教室，看也不看张建冰一眼，就径直向着拐角处走去，他紧紧地跟着我，在我离开的前一秒，我还是听到了靠窗口女生的哀号，“为什么我就不认识这么帅的男生？”

风吹稻花香

二 笨

跟哥走，有肉吃

“妹妹呀，你就从了哥哥我吧。只要你答应，哥以后什么都听你的啊……”

我轻抽一下嘴角，淡定地拽出一张面巾纸，揉成团，塞进右耳。

狼嚎还在继续：“妹妹呀，你就答应了吧。只要你应一声，从今往后，上学哥给你背包，放学哥给你跑腿，逛街哥给你提货，回家哥给你打车。妹妹呀，你应我一声不吃亏啊……”

我刚想把左耳也堵上，又突然想到这根本没用。只要这死孩子一天不放弃，我就算把眼睛耳朵都蒙起来他依然可以在我的世界里乱蹦跶。于是我抬眼，尽量摆出最严肃认真的表情看着他。“你说你想认我做妹子？”

常晟刚要开始新一波儿的鬼哭狼嚎，一听这话，急忙刹车。只是那闺中怨妇般惆怅的小表情还来不及撤，就这么僵在脸上，颇为滑稽。我不禁“噗”地一下笑出声来。

“那你要我做你妹子总得有个理由吧，在我记忆中这可是咱俩第一次见面。”我收敛笑容，静待他的回答。可我没想到常晟变脸变得比我还快，好好的一张怨妇脸瞬间就爆发出一种悲愤的气场。这气势，知道的人明白是他求我当他小妹，不知道的还以为我欠了他五百万赖着不还呢。“谁说咱俩是第一次见面？我还在十班的时候，你去找我们班任，那时咱俩就见过！”

我挠头。真的见过吗？为什么我一点儿印象都没有。“见过一次又怎么样，见过一次我就必须当你妹子啦？”

“当然不是啦。”常晟拖着长长的尾音，又顺手理了理自己的衣服，一副说来话长的模样，“第一，你的确比我小吧。先别忙着否认，你是12月8号的生日，这我早就打听好了。”

我愕然，但没插话，打个手势示意他继续说。

“第二，咱俩都姓常。这个世界上姓常的多么少啊，可咱俩就碰到一起了。这说明什么，说明这就缘分啊……”

那你爹和我爹还是缘分呢。我在心里嘀咕。

“第三，咱俩都是家里的独生子，都没有兄弟姐妹，很寂寞是不是啊？”

寂寞啥啊寂寞，没人跟我抢吃的我开心死了。

“第四……”

“停一下。”我毫不客气地打断常晟的高谈阔论，“你那些话总结起来就是一个意思：你自己玩得太久了，所以打算认个妹子来宠宠？”

常晟哈巴狗一样地狂点头。

“那跟你走有什么好处，我要实质的。”

常晟歪头，貌似很认真很认真地思考了一下，最后忍痛割爱：“跟哥走，有肉吃！”

……这孩子的脑袋，是进水了吗？

妹子，你信哥不？

本来以为常晟也就是跟我开开玩笑，我私下喊他两声哥，哄哄他就完事了。可谁想到这小子居然玩真的，比珍珠都真！

话说那天我从学校值日归来，刚进家门就感觉家里的气氛不太对劲儿。老爸老妈都坐在桌旁等我一起吃晚饭，要命的是俩人都带着齐齐的微笑，尤其是老妈，都笑得见牙不见眼了。

我恶寒，急忙给自己盛碗米饭，决定沉默是金，以不变应万变。

老妈果然还是最没耐性的那一个。她掩着袖子轻咳一声算是开场白，随即笑眯眯地问道。“丫头，听说你在学校认了一个哥？”

我往嘴里填了一大口饭，含糊地“呜”了一声，心下大惊。怎么回事，我爸妈怎么会知道，我记得我回家从没提过这事啊？

老妈依旧笑眯眯，“得了，别装了。晟儿今天来咱家了，说是给你送见面礼。这孩子，一见到我就喊‘妈’。他要不说是你哥呀，还真得把我吓一跳……”说到这儿，老妈又是一阵露齿大笑，看那架势，估计是常晟那小子又用他那骗死人不偿命的嘴允诺我老娘什么事了，愣是忽悠得她临阵倒戈，自己却毫无知觉。另外，晟儿？

又是一阵恶寒。我连忙灌了几口暖汤，费了好一番功夫才把全身的鸡皮疙瘩都压了下去。

常言道，光阴似箭，岁月如梭。转眼间，在下一年一度的生日又要到了。但今时毕竟不同往日，这不，一大清早我就被常晟电话轰炸，说来说去都是一个意思，就是让我去蛋糕店挑个喜欢的生日蛋糕，我拍板，他买单。面对此等好事，我在心里纠结了千分之一秒，决定坦然接受，于是我穿好大衣，兴冲冲地奔出门去。

转了一圈儿再回来，我赫然发现我家楼下多了个人。以我三百度的“进士”学历来判断，这人长得貌似挺眼熟。走近一看，哗，是真的挺眼熟。

张浩然，本人小学同学兼六年同桌，据他讲我俩幼儿园也是同学。但在下天生忘性极大，至今为止，七岁以前的事情全不记得了，所以他说是咱们就当是吧！

另外我想我得声明一下，尽管我俩相识十余年，但青梅竹马小暧昧什么的是半分都没有。虽然不知为何有一段时间我们学校疯传他喜欢我的小道消息。什么青梅竹马两小无猜，什么痴情郎冷面女描述得那叫一个天花乱坠活灵活现。我向张求证，事实证明他也是一头雾水不知谣言从何而来。但本着清者自清日久见人心的原则，我俩决定对其不予理睬，毕竟我们没必要因为那些无中生有无聊的人，断了我们十多年的交情。所以说青梅竹马这个词能证明的只有时间长短，若是感情能用时间来衡量，那你让那些一见钟情的小鸳鸯们情何以堪？更何况据我所知，张浩然的女朋友排起来都能绕学校两圈了，我没事凑那热闹干什么。

天空卷起一阵小风，张浩然从自行车棚的围栏上跳下来，变魔术般地从身后拽出一个一米多高的熊仔，边说生日快乐边笑意盈盈地把它往我怀里塞。我说声“谢谢”，刚要接过，一只手就立马横在了我和熊仔中间。

我和张浩然皆是一愣。只见常晟左手提着蛋糕，右手扣住我的胳膊反向一撤，眨眼间我已稳稳地站在了他的身后。我诧异，问：“怎么了？”

常晟没理我，只是皱着眉头上下打量张浩然，好像突然想起了什么，转过头问我：“妹子，你信哥不？”我大脑一时转不过来弯儿，条件反射般地应着：“信啊。”

“那就好。”常晟靠近我，压低了声音，“这小子不是什么好鸟，别收他的东西。”语毕，常晟一如既往地打着哈哈，若无其事地向楼道走去。

一时间气氛颇僵。我细细地琢磨着常晟的话，一个大胆的念头猛地蹿上心头，我下意识地开口，“张浩然，你不会真的喜欢我吧？”

张浩然毫不迟疑地点头，似乎这一切都理所当然。我瞪大眼睛，不可置信地继续问："那你别告诉我，学校里的那些谣言也是你放的。"这回他没有点头，也没有摇头，只是目光定定地看着我。

"你混蛋！"被耍的羞耻感迅速席卷全身，我抹一把脸，怒极反笑，"过去你的女朋友们故意找我的茬儿，我还笑她们傻。后来我班同学说你脚踩两只船，我还替你抱不平。原来傻的不是她们，是我啊。"我把熊仔狠狠地砸在他身上，"咱俩同学那么多年，我对你什么感觉你会不知道？一面跟我说只是朋友，一面却在全校同学面前说喜欢我，这算什么？道德绑架吗？把我弄成别人眼中明知你有女朋友还故意接近你那种的人你就开心了对不对？张浩然，我告诉你。你的喜欢对我来说不是荣耀，是屈辱。恶心！"

我背过身，奋力跑向黑洞洞的楼道。

我就是要她们知道：惹我妹者，死

我曾天真地以为，只要我和张浩然一刀两断，这事就算结了。可事实偏偏就像常晟所猜的那样，根本没那么简单。QQ上线的时候，还是会收到"假清高""滚得离浩然远点儿"之类的可笑的留言。只不过过去是我笑她们多心，现在是我笑自己愚蠢。

"小贱人，我才是浩然的女朋友。收起你的欲擒故纵，别以为你的小伎俩能骗过我，有本事就和我公平竞争。"当这条短信飞进手机时，我气得手都抖了。常晟一看情况不妙忙掐住我的手腕夺过我的手机，三下两下更加恶言恶语地回了过去。看不出平时嬉皮笑脸的常晟竟也是个骂人不吐脏字的高手。一条短信发过去我的手机就再也没响过，估计那头已经恼羞成怒地哭了。

我蹲在地上，以一种仰望的姿势看着常晟，"哥，你真好。"

常晟很得意，"我当然好。"然后一把拉起我，"我就是要让她们都知道：惹我妹者，死！"

张浩然事件就像化学反应里的催化剂，使我和常晟的兄妹情迅速升温，一日千里。用我同桌的话形容，你和常晟真的只是干兄妹吗，我看亲哥哥也不见得能对你那么好啊。我挑眉，那当然。同桌很不忿：天生命好平白无故捡到这么一个哥哥，你就嘚瑟去吧!

我就是得意，怎么样？我拎着一瓶雪碧坐在学校足球场旁边美滋滋地想。其实我是不爱看足球的，因为我实在从这项“满场追着一个球跑，还半天踢不进一个”的运动中看不出有什么好玩的。但天公不作美，我如此蔑视足球，我哥常晟却是一个“有球必踢，有赛必上”的足球迷。事急从权，我也只好舍命陪君子了。欸欸欸别想歪，我可没有多伟大，充其量只能在赛后帮他递个饮料什么的。

明明是冬日，今天的阳光却少见的强烈。我微微眯起眼睛，目光无声地落在那个奔跑的人影上。岁月静好，空中跳跃着青春的活力。我有些惊讶，是从什么时候开始，我习惯了这一切。

习惯了常晟人前严肃人后无赖而夸张地喊我妹子；习惯了他不时敲打我座位旁边的窗户然后一脸委屈地说妹子我想吃六个圈（冰激凌）；习惯了他塞着耳机狂号“风吹稻花香”，还非要我评价好听的无耻模样。

时光真是奇妙的东西，它能让知根知底的两人反目成仇，也能让萍水相逢的两人亲如一家。也许每个女孩儿都曾梦想有个哥哥，除了父母，他便是这个世界上最爱你的人。受了委屈，他给你出头，遇到挫折，他给你安慰。也许他很普通，嘴很毒，人很坏。但你知道，其实他一直都在尽自己最大的努力保护你，不求其他，只因他是你的哥哥。

“妹子。”我抬头。已是中场休息时间，常晟单脚踩球以一种自以为很帅其实很白痴的姿势向我打招呼。我晃晃手里的饮料算是回应。于是某人又得意起来，两手叉腰肆无忌惮地向队友大喊，“看见没，女朋友有什么了不起，我一个妹妹顶你们一百个女朋友！”众皆大笑，我掩面无语问苍天。

那一刻的我们像是不谙世事的小孩儿，很傻很天真，却也很美很单纯。

乖，听哥的话

科学研究证明，中国百分之六十的正常人都认为睡懒觉是最对得起放假的方式。我作为一个中国人，一个正常的中国人，决定在这周末亲身实践这一理论。奈何天不遂人愿，八点刚过，我被一阵门铃声吵醒。

“我伟大的哥哥呀，扰人清梦是一件很不道德的事你知道不？”我揉揉眼睛，其潜台词就是你最好能给我一个说得过去的理由，不然这事咱俩没完!

常晟从开门看到我开始就一直绷着一张脸，大概是对我这种脸不洗头不梳穿着睡衣就敢开门的生活方式很不待见。但他心理素质良好，或者说对我的屡教不改早已习以为常，竟也二话不说，转身从背包里抽出厚厚的一打印刷纸塞进我的手里。

“这是我们老班的教案，我偷来给你印了一份。虽说你不一定用得上，但多看看总没坏处。”

见是好事，我乖巧地点头表示赞同。常晟继续装深沉：“还有哇，眼看这就高三了，你这贪睡的毛病得改改。要乖，听哥的话，早睡早起才是王道。”

我接茬：“我会乖，有什么好处？”

常晟很满意：“哥哥会给你找个好婆家。”

我把他踹出门去。

时光在指缝间匆匆走过。高考倒计时二百天，我决定以后不回家吃晚饭，每天多挤出一个小时来在班里自习。常晟不知从哪儿挖来这个消息，竟也开始不回家，美其名曰，兄妹同心，齐力断金。

这天我和常晟坐在一起一人一个耳机边吃泡面边听广播。不知怎的，向来只走悬疑风的烨文故事汇今天讲起了温情小故事。故事的内容大概是一个男孩儿一直不懂爸妈为什么在有了他这么一个儿子后，还要再为他生个妹妹。直到家中遇难，久卧病床的妈妈突然握着他的手说："儿子，爸妈给你生个妹妹，就是怕有朝一日我们都不在了。这个世界上还能有个人与你同手同脚，血脉相连。"

我不厚道地笑了，一把揪住常晟的耳朵故意大声地说："喂，老实交代。你当初非要认我当妹子时，抱的是不是也是这个想法？！"

也许每个女孩儿都曾梦想有个哥哥，除了父母，他便是这个世界上最爱你的人。受了委屈，他给你出头，遇到挫折，他给你安慰。也许他很普通，嘴很毒，人很坏。但你知道，其实他一直都在尽自己最大的努力保护你，不求其他，只因他是你的哥哥。

爱情便利店

赫　乔

乔孟冬：我很喜欢便利店

我很喜欢便利店，没有道理地喜欢。当然了，喜欢这种事儿怎么可能没道理呢。老实说吧，我喜欢便利店的二十四小时营业，这样我就可以在深夜看完摇滚演出之后和朋友闯进便利店抢青啤和玉溪，我也喜欢暖和的关东煮和放很多醋的便当面，每次我迷路的时候都会找一家便利店坐上几个小时，慢慢地吃那些早就吃腻了的毫无营养的便当。但我还是喜欢它，而且满世界的角落里都会找到这样一家店的，没什么特色的亲切感，一想到这个我就不觉得孤单。

当然了，我能在一家便利店里坐上几个小时，不只是吃便当和关东煮那么简单。我是一个手绘师，每天早上我会查阅邮箱，把和我一起开工作室的摄影师孙小照发过来的图片下载到手机里，然后背着画板抱着几大盒彩铅笔去楼下的便利店边吃东西边照着那些图画画。有的时候我要画新婚夫妇，有的时候我要画旅客喜欢的这座城市的建筑，更多的时候我要给纸品工厂画明信片的样图，这也是为什么我从来不必花钱买明信片。

那一天的清晨和平时的任何一天没什么两样，我很早起来洗漱，背着画板听着呼呼的车声在马路牙子边跳上跳下权当晨练，然后再冲进便利店。

“海带根，墨鱼肠，鳕鱼卷……多加点儿汤。”我端着一杯早餐开始了一天的工作。

便利店的小木头桌子很干净，我把画板靠在上面打开画夹，背后的门铃不歇地鸣叫着：“欢迎光临”。来来往往，没有人注意到我，或者说没有人持续地关注这个为了蹭免费日光和便利店的灯光只为了省出租房电费的穷人女画家。哦，或许还说不上是画家，充其量就是卖弄笔杆子的小画师。

而那一天到底有什么不一样呢？

我坐在窄窄的高脚凳上，太过认真，以至于不知道落地窗外的那个男孩子站了多久，我是极偶然地用余光扫到他的身影，才发现他在看着我，一直看着我。

罗源的表弟：这就是《城市印象》纪录片里出现的女孩儿

那个正画着一只水红色玫瑰的女孩儿，就是我在表哥的纪录片里看到的卖艺人，她曾经在这座城市的火车站附近给人画像，她画得很慢，那些焦虑的等车的人坐在她面前，似乎所有的光线都柔软了起来。

那个时候，她看上去只有十几岁的样子，肩膀和手臂细细弱弱的。表哥的镜头推向她的脸，她不好意思地把头压低了些，左手撩一下刘海，握着画笔的右手微微有些发抖。就好像现在，她发现了正站在窗外和她距离不超过两米的我，虽然没有抬头，但是我知道她紧张起来的样子，微微有些小吉娃娃式的发抖。

我知道她在这家便利店里画画，是在一个帖子上，这家便利店的店员把她的背影拍下来传到网上，写一些零碎的话，比如说，她每天吃一模一样的关东煮和便当，我知道她吃下去的是什么，所以很为她的健康担心，但是又不敢对她说。再比如说，我觉得，我有点儿喜欢这个小姑娘，但是又不敢对她说。

自从来到这座城市之后，出于好奇，我心里老是挂着这件事情，偶尔路过这家便利店就会下意识地抬头看一眼。直到这一天，我在晨练回来的路上透过落地窗看到了坐在柜台边的她。结果发现，她就是那个表哥只在小范围内播放过的《城市印象》纪录片里出现的女孩儿。地球果然是圆的，而且这个巧合简直让人擦擦眼睛觉得是在梦里可又真的不是做梦。

我趴在玻璃上看她。

她的脸颊红起来。

所以我也完全没有注意到便利店的店员小伙已经开始不安地往我们这边看，他终于忍不住走出门，门铃尖锐地叫起来“欢迎光临”。他说，请问您要买东西吗？我看他急得满脸通红，差点儿冒出汗来，忍不住笑。我说，我和你一样，对她很好奇。

乔盂冬：他说，你还记得罗源吗？

我今天画的是玫瑰，玫瑰真是很美的植物，我先是上了水粉色，然后是水红色，然后是桃红色，细致地打着高光，涂着阴影，试图去把注意力从门外的两个人身上挪开。

虽然我不知道发生了什么，但是这一切明确无误地指向我，一个无辜的小画师。

我想到自己曾经在独立书店里偷书，这男孩儿确实像个书店的店员，我那时把一本厚厚的《日瓦戈医生》塞进裤腰，瘦薄的肚皮勒出几条长长的红印子，当我走过柜台时，浑身发抖，满脸通红，然后我走进女装店去试一条买不起的裙子，再把那本书拿出来，吻着扉页，感叹贫穷的岁月矜持而美好。

便利店的男店员叫何城，他递过名片给我，晚上的时候在台球吧做导向。我曾经和几个和我一样不知好歹的女孩儿在台球吧里帮朋友拍写真，他帮我挡过猥琐大叔的搭讪，但我想，他可能并不记得我。驻守便利店这么久，他从来没有说过额外的话。

除了有一次，他推荐我吃素包，他说，刚出炉的。

我点点头，付钱，什么话都没说。

现在那个本来在窗边吓了我一跳的男生和何城一起走过来了，他很认真地看着我，问我，你叫什么？

乔孟冬。

我不喜欢这个名字，所以我回过头去接着画我的玫瑰。

他说，你还记得罗源吗？

哦，当然记得，一个自称中国导演界威武先锋的少年，举着摄影机来拍我，虽然只有几分钟，但是我还是用全天赚来的钱请他吃了一份排骨米饭，那家店好坑人，排骨很少米饭很多，他吃得很香，说自己怎么辍学怎么逃票扒火车来到这座城市投奔亲戚。我只是笑，那一年我十六岁，不懂得人情世故，不知道怎么套近乎去赢得想要的东西，不能以送礼的方式拿到学校的奖学金，就只能自己出来卖画赚钱。我们都那么年轻，那么不知所措。

我给他画了一张画像，他没带走，我也没有一直留着。但是我记得他。

现在面前的这个男生，就跟他那时候一般年纪。

他说，罗源是我表哥。

罗源的表弟：我想给你讲讲罗源后来的事

我有没有说过我喜欢乔孟冬？

面前的这个叫何城的店员小伙子问我，我点点头又摇摇头，他把对那个正在画画的小姑娘所有的情感和精力一股脑儿告诉我，他说，他真的不敢说，怕那种接近会让这样有距离的美好都变质了。

我问他，你怎么知道，接近了之后不是更美好？

他不说话。

我想起我表哥，他喝了很多啤酒之后告诉我，他住在那女孩儿的朋友家，和女孩儿一起打地铺，清晨趁她不注意的时候摸她的细细的头发和干净的下巴，他说，再去火车站找她已经找不见了。他说，不至于像丢了魂一样，但确实有什么东西被那女孩儿带走回不来了。

何城还是嘟嘟囔囔地说不完，我叹一口气，突然希望他永远不要说出口，他和表哥描述的那个女孩儿，不像是一类人，不像是同样独自谋生坚决果敢的那一类。我看着那女孩儿不知道是心疼还是什么样的情绪在胸口翻滚着。

和她聊了几句之后，她似乎对罗源并没有什么印象，只是淡淡地看着我，目光甚至穿透我看向更遥远而不可测量的地方。我看她笔下的玫瑰，不可方物。她说，是朋友拍得好看，她只是照着画下来而已。她语气淡淡的，我不确定她是否想要接着说更多的话，于是坐在一边，也点了一份毫无营养的便当。

上午的阳光刺眼却不暖和，我裹着大衣就着门开来关去的时间里灌进来的风，心想这就是孟冬的工作环境，她叫孟冬，竟然是，这么坚忍的名字。

我说，我想给你讲讲罗源后来的事。

她搁下画笔，静默地看着我。

罗源拍了几个无人问津的片子之后回到老家，找了家破旧的咖啡厅，自带了投影仪放给几个朋友们看，其中就有我。那时候我还小，对他崇拜得要命，后来才从老爸那里听来，罗源就是不务正业的典型——几年的学费都花在了买器材和路费上，他不愿意去接受正规教育，觉得是束缚是羁绊，他情愿让自己像河流一样流淌过去，把光照在这世界上，射回镜头里是什么样就是什么样。

但是这怎么能叫生活呢？在这个现实的世界里。

好像所有家人都不太喜欢他，除了我，因为我老爸还是坚信我够乖够坚定，他爸借酒消愁，在我眼里，这一家人都过得不欢畅，似有什么东西搁置在彼此间。他总说自己痛苦，却不知道在痛苦什么。他说，你不知道这个时代青年人身上的神经质人格，从经受的诡异童年到后来三观的毁灭与重建，塑造了这个拧巴的我。

有一天晚上他喝醉了酒跑到大街上哭，抱着电线杆哭，抱着消防栓哭，没有人拽着他，这些只是我听来的。因为他只是一个人，哭着哭着就跳进了江水里，夏天的深夜水很冷，水草茂盛。所以我最后看到他的时候，他和水草缠绕在一起。

他曾经说，那个姑娘的头发就像水草一样。他却没机会和她纠缠一生。

那个姑娘，我猜，就是你吧。

孟冬。

乔孟冬：我也曾经爱你，一无所有

晚上我抱着今天的工作和工资回公寓，画板上只有一抹玫瑰，温柔地融化在我的怀里，我冷着一双手，独自上楼。不再回想今天发生的事情。

我还曾经喜欢一个男孩儿，叫罗源。

怎么会不记得呢，怎么会不知道那个清晨的亲吻呢，怎么会忘掉他离开的那天我的眼泪呢……只是就好像一个细小的伤口一样，已经被时光治愈了，甚至结好的痂也掉了，成了厚厚的茧子。已经不会再受伤了。

估计罗源没有和他表弟说的，就是我们一起去踏着街道唱歌的时候吧。他唱崔健的，“我曾经问个不休，你何时跟我走，可你总是笑我，一无所有……”唱到这里就停了，我什么都没说，跳着脚在马路边给他指着看那些德式建筑，那些红墙绿树，他举着相机咔嚓咔嚓拍。他拍了我很多，我都趁他上厕所的时候一张张删掉了。

我简直就是面瘫，这么多年都不喜欢拍照，镜头前面若是笑起来，总是僵硬得不得了。我们去排队吃大排档，喝啤酒，聊那么多欢欣雀跃的或者痛苦不堪的事情，好像就是在彼此身上发生并且毫无疑问会引起共鸣的东西。

晚上的时候，他侧身在地板上弓身睡去，轻微的鼾声响起来，淡白色的月光底下，我像一只小猫一样爬过去，轻轻地吻上他的眉毛。

其实，我想他是知道那首歌后面的歌词的，只是他没唱出来而已。

“我要抓起你的双手，你这就跟我走，这时你的手在颤抖，这是你的泪在流，莫非你是在告诉我，你爱我的一无所有……”

对呀，我也曾经爱你，一无所有。

只不过，第二天中午，我和他吃过饭之后说，我去接个电话。然后，就再也没有回去。这都是后来的事情了。但我再也没有联系他，也没有忘掉他。

罗源的表弟：纪录片结尾的话

我离开这家便利店之前，何城跟我说，你真是混蛋，排除了我的一个潜在女友。

我点点头又摇摇头，她和你不适合。

你又不认识她。

我觉得我能理解她。

表哥的纪录片里曾经有一个片尾，他坐在一家便利店里说，我可真喜欢这样的地方，不是因为便利，也不是因为是一家店，而是它可以守候在任何我不认识的地方，让我呼吸这一口熟悉的空气吧。

他仰过头深吸一口气，然后低回头来，嘴角上扬，说，我爱你。

在时光里暗自生长

艾汀医生

1

林妙可突然对我很冷淡，因为她喜欢的男生喜欢我。尽管我再三对她发誓说，如果我喜欢张建冰就让我满脸雀斑，头发掉光，可是她还是不愿意相信我。她像是一只冰冷的狐狸，目光直愣愣地打在我身上。

她说，有张建冰这么优秀的男生喜欢我，即使我变成残疾也不为过。

以前我听说“情人眼里出西施”时还不相信，可是当我看见同桌加闺密林妙可目光触及张建冰，就花痴地倾着头流着口水一副吃了而后快的样子时，我真的就相信得一塌糊涂了。

张建冰其实一点儿都不帅，甚至还有点儿幼稚。除了一身白衣白裤，还穿着一双白色的鞋子，典型的奶油小生。最让我受不了的是，他张嘴闭嘴：我妈妈说，我妈妈说……

我反复强调，“我是不会喜欢一块奶油的。我梦想的白马王子应该是穿着圣衣，骑着七彩祥云。”林妙可撇撇嘴，“至尊宝都去取经了，你省省吧。”然后她趴在我的肩上认真地说，“丁丁，我什么都不和你抢，但是张建冰不行。”

“你以为我会和你抢一块奶油？”我不屑地看看林妙可，心里嘀咕，“真不知道你到底喜欢他什么？”

2

我有生以来做得最错的一次，就是在公交车上帮一个男生刷了卡，而那个男生就是张建冰。

张建冰在站牌边几乎翻遍了口袋都找不出零钱，甚至还想跑到很远的地方去买瓶水换钱，车从远处渐渐开了过来，再等下一辆就又要半个小时，我看见他面露难色。

我云淡风轻地走到他身边，“我当次好人帮你刷了，别找了。”

张建冰抬起头，指着自己不太挺的鼻子说，“是帮我刷吗？美女。”

我没有回答他，因为我和他离得最近，还有些人都站得远远的。如果连这话是不是对他说的都理解不了的话，那活该他坐不上车。

好在他还是聪明地上了车，然后用期待的眼神看着我。我在磁感应器上刷了两下之后，找了个靠窗的位置坐下，他跟着我走过来坐在边上。

起初他并不说话，看起来安静极了，我还以为他是个内向的男生。可是到了后来，就露出了狼子的野心。

“你是秀水高中的？”

“都穿着校服还用说吗？”

“你是哪个班的？到时候我还你钱。”

“你这是变相地想要追我吗？”

我面无表情地转过头，张建冰的脸刷的红了起来。他有些结巴地说：“我不是……不是……想要追你……”

“那太好了，我到站了。”我风一样地跑了下去。

对我来说恋爱真是麻烦到不行的东西，一个人的风景独好，这些年我早已习惯一个人。再说，一块钱，哦，不，九毛钱的情谊，能适合做恋爱的开头吗？

3

世上没有什么不可能的事，只是看做的那个人是不是有心人。

张建冰还是找到了我，他站在我们班的窗边，敲了敲玻璃。

“请问丁依晴在吗？”他礼貌有礼地微笑问道。

“丁依晴有人找——”班里的目光，齐刷刷地转移到了窗外。我突然闻见了谣言的味道。

我看了林妙可一眼，尴尬地跑出教室，看也不看张建冰一眼，就径直向着拐角处走去，他紧紧地跟着我，在我离开的前一秒，我还是听到了靠窗口女生的哀号，“为什么我就不认识这么帅的男生？”

我双手交叉放在胸前，眼睛冷冷地盯着张建冰。

“你有什么事？”

他羞涩地挠着头，就像是一个待在深闺的大姑娘。

“我最讨厌腼腆的男生了，有什么就说什么。”我再一次提高了音调。

果然，在我的威慑之下，他简洁明了地说出了三个字，“还你钱。”我拿着钱就走，心想这次自己真是以小人之心度君子之腹了，人家明明就没有其他意思。

“给个电话吧。”哪料到我才刚走了几步，他就迫不及待地将我之前想象到的话一字不差地说了出来。我转身看着他，他正摩擦着手，微微低着头，不敢直视我的目光。

“说到底你还是想追我是吧？”我直接将话挑明。

“不是，万一我下次没零钱可以找你救急。”

我愤怒地踱步而去，敢情我被人家给当成了零钱袋子！

“要救急，找林妙可去！”我扔下一句。

4

张建冰对我展开了疯狂而又热烈的追求。

他经常用零食贿赂我们班的人，只要我有任何的风吹草动，他都会来班里对我殷勤献好。

他现在已经可以大摇大摆地走到我的班级里，然后耀武扬威地对我说，丁丁我来找你了。不过在我看来，他更像是在对着班级里所有的人说。

我不爱吃苹果，可是我每天早上来的时候课桌洞里都有一袋苹果，附带着一张纸条：多吃苹果，远离医生。

我将苹果一一分给了班里的女生，她们笑着对我说，“谢谢。”然后回到座位，我就能看见林妙可炙热的目光仿佛要把我穿透。

我不爱凑热闹，所以喜欢一个人在食堂的某个角落默默吃饭。但是张建冰却总是跟着我，抢着帮我打好饭，抢着帮我端到角落边，抢着坐在我对面。这也就算了，最让我郁闷的是，每当我抬起头的时候，我都会看见他正对着我傻笑，搞得我吃个饭都毛骨悚然。

他对我很好，等我上学，送我回家。经常在我心情不好的时候讲讲笑话，扮扮鬼脸，偶尔也臭屁地耍个帅。

张建冰，我还是不能喜欢你。

5

时间像是过了很久，又似是过了极短。

那天在冰激凌店，我对张建冰说：“张建冰，我们当一辈子朋友好不好？”

他本来是笑脸盈盈地向我走来，可是听到这句话后，手上拿着的两个冰激凌忽然就脱离了手心，径直地掉在了地上。

“为什么？”他不甘心地问道。

看着我皱着的眉头，他平复了一下心情，又微笑说道：“没关系的，我知道你现在没办法接受我，我会等，等到你心甘情愿跟我在一起的那天。”

我向他摇了摇头，“对不起，永远不会有这么一天。我能接受和你的最大尺度，就是好朋友的关系。”

他眼里的光一点儿一点儿地黯淡下去。

“真的没有可能了吗？”他紧咬着嘴唇。

“对不起，我们还是当朋友吧。”说完之后，我平静地向着店外走去，面带微笑，就像平时一样。只留下张建冰一个人，呆若木鸡地站在那里。

他眼里的光，彻底消失了。

我看见坐在冰激凌店角落里的林妙可，在微暗的光线里，眼睛一闪一闪。

6

其实我并不讨厌张建冰，他真的带给了我很多的快乐。

只是那天碰巧，我看到了躲在厕所里面的林妙可。

“我好喜欢你，张建冰。”

“从见你的第一面起，我就喜欢上了你，张建冰。”

“所以，就让我们在一起吧，张建冰。”

“这辈子都不要分离好不好，张建冰。”

“你会接受我的是不是，张建冰。”

……

我看见厕所里的林妙可，用一种似低沉似高亢的声音说着。她说的每一句话，都不离“张建冰”这三个字。

究竟喜欢一个人喜欢到什么程度，才会在叫他的名字时都带着眼泪和啜泣，我真的不得而知。

我看见她微蹲下去，双手环着肩膀。我想起，曾经无数个日子里，我双手环着肩膀的时刻，林妙可都轻轻趴在我的身上，细声细气地说，“丁丁别怕，还有我呢！”此刻，我多想走过去，轻轻扶起她，给她一些温暖，可是，我不敢。如果不是这一次的偶然发现，我想我永远也不会知道在放学后，我的闺密会在这里哭得这么无助。

我放弃了张建冰。我告诉自己：“我对张建冰似乎也没有情侣之间的喜欢。”

7

我和张建冰之间，还是保持着联系。

直到有一天，他发来短信，“对不起，丁依晴，我还是没办法和你做朋友。”

然后，我们再也没有联系过。

多年后，我听人家说起，当你真正喜欢过一个人，分开后，就没有办法把他当作朋友，因为太浓烈的感情，会使人深深不忘，日日念怀。毕竟你曾喜欢过，爱过，把他当成过你的全世界。

我的眼泪顿时就流了下来。

我喜欢过你吗？张建冰。

也许，只有时光知道。

十月照相馆

彭月释怀了，自己没有爱错人，唐典是个很优秀又很善良的男孩儿，他知道自己马上要出国了，即便心仪的女孩儿近在眼前，他也不要去见这个面，不见面，就不存在离别，他用琴声寄托着爱慕，尽管对方全然不知。

喜欢你，是我做过最美的事

浅悦幽然

敢情你是属神龟的，专门遁地

我背着包踏上北上的列车后，心情无比愉悦和轻松。一轻松，我就想调戏冯小疯。于是我立马掏出手机，拨通了冯小疯的电话。

“喂……”冯小疯的声音懒洋洋地从电话那端传过来。

我兴奋无比，但还是刻意压低了嗓音。

“你猜我在哪？”

“你猜我猜不猜……”

“……冯小疯，我在你家楼下抱着一大束花，你赶紧下来别让我丢人现眼行不？”说完这句，我啪一声就挂掉了电话，独自乐了半天。

窗外的太阳刚刚露出它娇羞的脸，我望着渐渐远去的永明，特文艺地挥了挥手。转身往自己的座位走时，一个熟悉的人影晃到跟前，扎痛了我的眼。

“哟呵，好巧，在这里都能遇到。”冯小疯揣着手机，一脸惊讶地盯着我，“敢情您是属神龟的，专门遁地？ 前一秒还说在我家楼下，下一秒可就赶上这已经开了十分钟的火车了。”

我脸上的表情一定很丰富，否则，他那双乌黑的眼睛里怎么会有满得都快溢出来的嘲笑呢？就在我分神的空当间，他已说服我身边的人同他换座位，大剌剌地撩衣服坐到了我身边。

“你，你，你怎么也来了？”我黑着脸，仍然有些不能反应。

他偏过头，冲着我露齿一笑，“我记得这火车票是明码标价，还不归您管吧？”说完头一歪，便靠在我身上，闭目养神起来。

“喂，你是不是跟……踪我？”语音渐落，源于耳边传来的呼吸声太过平稳。

我略略低头，就看到他长长的睫毛投印在脸上的阴影，似乎是睡着了。一直都知道，冯小疯其实长得很漂亮。只是平日里他的嘴巴太过刻薄，导致他这份漂亮也跟着折损了些味道。我小心地拿出包里叠好的外套，轻轻地给他披上。

为了坐这趟车，我几乎等了一夜，因为这是永明唯一一趟北上的列车。不知不觉，睡意袭来，我挣扎着闭上了眼睛。蒙眬中似乎听到有人说话，不过转瞬便陷入了更深的梦境里。

再醒来时，已经到了中午，我是被冯小疯推醒的。火车到站，冯小疯顺其自然地牵起我的手，顺着人流往外走。一直到出站口，才放开。自动自觉地招手拦了辆车，随口报出了一个熟悉的地址。我愣了三秒，终于想起那个地址正是我之前精挑万选，并提前预订好的酒店位置。

我看了他一眼。

他悠悠地解释道：“哦，就是那天我去你家拿东西时，看到你电脑忘记关了，于是我顺手多预订了一间房……”

我默不作声地抱起他的手臂，狠狠地咬了下去。

大多数孽缘的开端，都是灯光效果烘托出来的

说起我和冯小疯，就不得不顺带提提我们之间的孽缘。

我们是邻居，别人眼里的青梅竹马，彼此眼中的天敌克星。当

然，这句话是冯小疯说的，并不代表我的观点。相反，我很喜欢他，从第一次见到他开始。

那时因为父母工作调动，我们离开了原来的城市，来到永明。搬到了单位分配的职工宿舍楼，一层两户的那种。

我们住在左边，冯小疯家就住在右边。

晚上没多久，冯小疯便在他妈的带领下，端着礼物，来到我家庆贺乔迁之喜。我站在爸爸身后，看着那个眉清目秀的小男孩儿朝我伸出白白胖胖的友谊之手。恍惚就觉得，这个小男孩儿真漂亮，就像是从童话书里走出来的小王子。

我怯怯地伸出手握上去时，似乎还能看到他周身散发着光圈，一闪一闪的。

就在我将羞未羞之际，他皱着眉趁大人不注意，用力挥开了我刚吃完炸鸡腿后油乎乎的手。脸上的嫌恶只停顿了一秒，转瞬便又展开了和善且无辜的笑容。

我幼小的心灵就在那时严重受创，从此在他面前，我便不知道娇羞为何物。

后来事实证明，什么小王子，什么光圈，都是我的错觉。而错觉的起因，就是那天楼道里的出了故障的灯。

可见，大多数孽缘的开端，都是灯光效果烘托出来的。

经过一番睦邻友好的深入沟通后，我被爸爸顺理成章地送进了冯小疯所在的学校，又以关照为名，被安排在冯小疯所在的班级。

尽管我从第一次见到他起，就知道他是个有心机的小孩儿，但这并不妨碍我喜欢他。不是有句名言，爱美之心，人皆有之吗？我简直是将这条名言贯彻到底了。

整个小学，我最喜欢干的事，就是大庭广众下拉他的手，在父母亲友面前占他的便宜。他越闪躲，我便追得越急。虽然事后，都会被他阴狠地报复，比如说在书包里发现死蚂蚱，校服后面被蜡笔涂出一只猪头，或者是作业本被粘满胶水。这些都不重要，重要的是，整个小学时代，我们都在一起。

即便我那么喜欢他，我也绝不会在他面前示弱

这样小打小闹的生活一直持续到我们小学时代的最后一个儿童节，学校组织学生们准备节目进行公演。美术老师们充分发挥了她们的聪明才智，用彩纸剪裁出了许许多多的小衣服，有裙子，也有燕尾服。选出了几个小模特让他们走秀，其中便有眉目清秀的冯小疯。

原本那该是个美好的回忆。然而，问题就出在表演过程中，后一个人踩到裙子摔倒了，连带地将刚秀完返回的冯小疯也绊倒了，于是嗤喇喇一片纸糊的衣服都被撕烂了。那是第一次，我看到冯小疯的裸体，虽然小时候还没发育完全，但也足够我脸红心跳了好久。

那个踩到裙角摔倒的笨蛋，就是我。

而我的实例简直充分印证了，女孩儿都比较早熟的理论。只是，年少时的感情里，谁又容许谁先认输呢？即便我那么喜欢他，我也绝对不会在他面前示弱。

后来无数次，冯小疯都把我逼到墙角，拷问我是不是故意的。我都咬紧牙关，矢口否认。开玩笑，这种事，就算是故意的，也绝对不能说出来啊。

随着年岁的增长，冯小疯出落得越发丰神俊朗起来。人前人后，都是一副温文尔雅的模样，充分满足了那些青春期的小女孩儿们蠢蠢欲动的王子梦。告白，巧克力，情书，花样繁多，小姑娘们不怕死地前赴后继。一次次被拒绝，一次次又继续。多亏了她们的无私奉献，为我省下了不少零花钱。

我无以为报，只能一边谴责他人面兽心，欺骗少女们纯洁的感情，一边从他的书包里掏出各种零食，大快朵颐。

每每这种时候，冯小疯都会十分鄙视地抢过书包，义正词严地说，“人面兽心的人的东西通常适合喂狗，这些还是留着给旺财吧。”

旺财，我们俩偷偷养在院子里的流浪狗，不过通常是他在养，我在旁边逗。想到旺财流着哈喇子舔这些我酷爱的零食时，我忍不住抖了抖，又抖了抖。

“对不起，我错了，你就原谅小的吧。”我死死护住零食，一脸诚恳地道歉。

事后当然还是以我成功抢到零食奔回家里宣告结束。只是，那个时候，我根本没意识到这个举动将给我往后的生活造成多大的负面影响。

她用这世间最冷漠的语气对我说着最残忍的话

随着不加节制地享用那些免费的零食甜品，那些蛰伏在我体内的各种激素终于彻底爆发出来。等我意识到时，什么最美不过十七岁，什么花季女孩儿多忧愁……总之曾在我心中被无比美好描摹过的高中时代，就这么成为幻梦。

飞扬跋扈意气风发的，是冯小疯。

我则成功从一个体重八十斤以下的美少女直接飙升成一百五十斤以上的女胖子。这个血的教训告诉我，珍爱生命，远离零食。

也就是在那个时候，我遭遇了我漫漫情路上的第一个坎坷——路欣然。

冯小疯有两大优点，人长得帅，成绩很好。这个人在中考的时候充分发挥了他的优点，以全市第一的中考成绩迈进了重点高中的大门。而路欣然，是第二。我虽然也很努力，但远远追不上他们的脚步，所幸，我也挤进了那所高中。

冯小疯暗地里还是喜欢百般刁难我，但是在人前对我却好得逆天。

等我上学，接我下课，送早餐，补习功课，样样俱到。我经常踏着众人艳羡的目光从教室里走出去，伸出爪子抓住冯小疯的手臂。

每当这时候，我的虚荣心就会得到极大的满足。试想想，一个翩翩美少年把你奉若珍宝，还不嫌弃你是个胖子，这是上辈子做了多少好事才能修来的福分？

显然，我想得太天真了。冯小疯对我越好，她们就越闹腾。

学校里的女生见了我，都如临大敌。各种各样不堪入耳的流言蜚语传得到处都是，到最后，我几乎被所有的女生孤立了。

夜深人静时，我联想着冯小疯以往种种报复我的事迹，不止一次怀疑，他是故意的。这个想法让我坐立难安了好久，但我还是忍不住为他想出各种各样的借口开脱。

所以，当路欣然昂着脖子走到我面前，冷着脸对我说："你离开冯书源吧，你跟他，不配"时，我后知后觉的眼泪顷刻间汹涌而至。

那是我第一次见到路欣然。

她站在我的课桌前，逆着光，高傲得像一只天鹅，却拥有着一张与冯小疯同样让人过目不忘的脸。我清晰地从她的瞳孔里看到我自己，肥胖，丑陋，满脸痤疮。

她用着这世间最冷漠的语气对我说着最残忍的话，她说，你和冯书源，不配。

我都快忘了，冯小疯真正的名字，其实是冯书源。

只有手握梦想，才会变得更加美丽

那一天，我脆弱的少女心终于碎成了渣。但是很快，我就把那些渣慢慢粘起来。没有人能给我和冯小疯的故事书写结局，除了我自己。就算是不配，也轮不到别人来说。

我渐渐远离冯小疯，暗暗下定决心，要改变。

我将家里大包大包的零食扔到垃圾桶里，从此跟零食说再见。我开始每天早上五点起来跑步，七点去学校温书。我开始放学后去学校的运动房里，一边做仰卧起坐，一边练习英语听力。我开始报各种各样的补习班，认真、努力地做笔记。

冯小疯来找过我几次，但每次都被我巧妙地避开了。甚至两家家长为了联系感情，相约吃火锅，我都会借口不舒服而不去。渐渐地，冯小疯也不再来找我，只是会将一份份精致的笔记和整理好的各种知识重点托我妈转交给我。

大人们只当是我在闹别扭，只有我知道，若是再不努力，我就会离冯小疯越来越远。

而现在这样差劲的我，真的没有勇气站在冯小疯身边。

随着我的刻意疏远，被孤立的境况也并没有得到好转，去上厕所时仍会被人指指点点。每次听到别人贬低我的时候，我都只是一笑而过。然而，当我听到别人讨论冯小疯和路欣然如何如何郎才女貌，天造地设时，我竟会觉得，连呼吸都那么困难。

仅仅只是听到，我就这样难受，我不敢想象，若是我亲眼看到，又会如何？

于是，当我在学校的篮球场上看到冯小疯和路欣然深情相拥的剪影时，我的心就像碎在天边的夕阳，啪啪作响，血光四溅，衬托得他们一对璧人，更加流丽无双。

我很伤心，一伤心就变得特别冲动，结果就是我干了一件蠢事。可是，那件蠢事，却是让我如今想来，仍觉得万分正确的事。

我打了个电话，号码是我曾经在某本书上看到过的情感倾诉热线电话。我也不知道有没有记错，总之胡乱拨了一通后，我对着电话里的那个人开始号啕大哭。哭我敏感脆弱的青春，哭我还没开始就结束的爱情，哭我心里的不甘愿。

那个人听我说完，很温柔地说，姑娘，你好像打错了。

咯——我被自己的口水噎了一把，还没收住的眼泪尴尬地挂在睫毛上。

他接着说，不过，我可以给你一个建议。把你的故事写下来，然后寄给我。我的邮箱是AN-XIN@xx.com.cn。

忘记了通话怎么结束的，等话筒里传来一阵忙音时，我才如梦初醒。

姗姗来迟的少女忧愁像火山一样喷薄而出，随着路欣然的公然挑衅尽数化为文字流淌在笔尖。

我按照那个人的要求，写下了一个故事，并投进了他的邮箱。没过多久，便接到了他的电话，说故事过审了，选取录用，不日将给我邮寄稿费。

那段时间我过得恍恍惚惚，唯有运动和学习才能让我有真实感。当热乎乎的稿费真真切切地通过邮局叔叔到达我的手上时，我的灵台顿时清明起来。

若是不能拥有美丽，那就要拥有梦想，而写故事成了我的另一个梦想。

安心说，只有手中紧握梦想并为之付出努力的人，才是这世上最美丽人。

安心，就是那个接到我错拨的电话的人。

我努力让自己变得更美好，只是为了离你近一点儿，再近一点儿

我后来常常问安心，若是我没有听从他的话，把自己的故事写下来，若是我写的故事不够好，他还会不会联系我，引导我呢？

安心思索了片刻，说道，有这么回事吗？我不记得了。

我握着话筒，满头黑线，好吧，这才是事实。

尽管如此，我还是很感谢安心。若不是他给了我这么一个建议，让我知道，这个世界除了爱情，还有更多其他的东西，也许我就不会这么快重新振作起来。

安心说，你缺少的，只是一种发泄方式。

我喜欢冯小疯，喜欢得那么骄傲，又那么卑微。我努力做着一切能让自己变得更美好的事情，读书，减肥，只不过是想离他近一点儿，

再近一点儿。

这条路上若是能赚点儿钱让我加足马力，我当然会跑得更快，更远。

高中的课业繁忙而沉重，那些流言蜚语也渐渐沉寂下来，不见踪影。所有人都埋头在自己的跑道上极速前行，积极地为高考做着准备。唯有冯小疯和路欣然，已通过考试，得到了名牌大学的保送名额。似乎每个学校里总有那么些人，仿佛是上天的宠儿，毫不费力地得到一切，早早到达终点，然后站在最高处睥睨着众人。

我亦努力准备着，除了学习和运动，闲暇时就会写写酸掉牙的小说。我笔下的每个男主角，几乎都有冯小疯的影子，而每个女主角，不管是聪明的，优雅的，还是愚笨的，单蠢的，无一例外，都拥有梦想，并且用尽力气地去喜欢着男主，为之努力。

安心说，你的故事里有一种力量，让人可以爱得更清醒，就像你。

我笑笑，不言语，只是更加沉默地写故事，然后，用尽力气去学习。因为我知道，在高考这条路上，我还有很长很长的路要走。只有努力，更努力，才有可能在路的尽头，追上冯小疯的脚步。

我对安心说，当我考上跟冯小疯一样的大学，追上他的时候，我就去北京看你。

那些稿费，一笔一笔，全都被我存进了银行卡里。从那个时候起，我便一直做着准备。我要去北京见一个人，一个冯小疯也不认识的人。我想对那个人说一句，谢谢你。

每个人都在改变，都应该改变

二模成绩出来的时候，冯小疯和路欣然并列第一。我站在红榜前面，看了许久，年级排名里，我比上一次进步了五十名，我离冯小疯，还有一百名的距离。而我的体重，距离预想数字，也还差十公斤。

我握紧拳头，为自己加油打气，转身准备离开时，却看到了在我身后不知站了多久的冯小疯。

"嗨，好久不见。"我举起手晃了晃，原来打招呼也没那么难。距离我避开他，已经整整一年零三个月。

冯小疯没有说话，表情很复杂地看着我。一时间，我们两个人都没有言语。

我想了想，率先打破了沉默，"如果没别的事的话，我要先回去看书了。"绕过冯小疯，我朝着教室的方向走去，手却被冯小疯拉住。

"你……变了很多……"耳边，他的声音有些飘忽。

"我们每个人都在改变，都应该改变不是吗？"我回头，冲着他粲然一笑，笑容却在看到不远处朝我们走过来的路欣然时，凝固在嘴边。"你和路欣然……"

"我们没什么……"冯小疯快速地打断，望着我的眼睛里，似乎带着丝渴求？应该是我的错觉吧，我摇摇头，在路欣然走到我们面前时，挣开了他的手。

"我要去学习了。"我又笑了笑，继续朝前走，冯小疯没有再拉住我，等走到足够远时，我忍不住回头。路欣然站在冯小疯面前，不知道在说什么。他们两个人，无论何时何地，都是那么耀眼夺目。

等嘴角尝到些许苦涩时，我才知道，就算我麻痹自己的感官，麻痹自己的心，仍会难过得哪怕只是看到他们，就会泪流满面。

就像是本能，本能地回避一切能打消我积极性的画面。

所以，我闭眼转身，大步向前走时，自然也就没有看到，路欣然朝着冯小疯扇下去的那个耳光。后来很久很久之后，我才知道我曾错过了多少真相。

二模之后，冯小疯和路欣然都没有来学校，而是悠闲地选择在家复习。我们则继续努力地埋头苦读。笔记做了一本又一本，试卷考了一摞又一摞。

我对安心说，我没有时间再写故事了，等我。

安心笑了笑，说，丫头，加油，你一定可以的。

看着节节攀升的成绩，我心头的喜悦不是用言语就可以表达出来的。老师在三模之后，开了个动员大会，让我站在讲台上给大家讲讲有什么方法能快速有效地提升成绩。

我对着台下无数双充满求知欲的眼睛，忽然不知道该怎么回答。愣了几秒，我犹疑地说道，大概是，努力，努力，再努力吧。

全场哗然。

我一把拉过一旁的解说老师，红着脸快速地逃离现场。

我要去北京，我要见安心

这次三模，我成功挤进了年级前二十名。老师说，照这个进度，我进名牌大学是没有问题的。回家的路上，满天的繁星似乎都能感知到我的心情，炸了锅似的发光发热。因为太兴奋，我完全没有注意到，院子里还站着其他人。

"暖暖……"

我吓了一跳，应声回头。阴影里，冯小疯斜靠着一棵树，望着我欲言又止的样子。

"嗯？"因为心情太好，我也懒得去计较。

"以后，你想去哪里？"冯小疯默了半晌，终于问出口。

"北京。"我不假思索地回答，欢快地往楼上跑，"我要去看书了，有空再聊。"背后似乎传来了一声若有似无的叹息声。等我张着耳朵，再要细听时，却什么都听不见。

我摇摇头，马不停蹄地继续奔跑。

那个时候，我并没有意识到，冯小疯问我想去哪里时，其实是在问，我想念哪所大学。

三模之后，冯小疯竟然重新来学校了，跟我一起报志愿，一起四模，一起准备高考。不过大家无暇八卦这些消息，各自埋头做着自己的事情。

高考终于如期举行，我拿着笔袋，走出考场的最后一刻，像是卸下了千万斤重的石袋般轻松惬意。

两家家长一致决定，为我和冯小疯提前举办庆功宴。那一晚很热闹，家长们也放开束缚，敞开肚皮喝酒。我一边转着酒杯，小口小口地啜酒，一边琢磨着什么时候，向冯小疯告白。正出神时，冯小疯坐到了我身边。似乎是喝醉了，他的脸颊通红，两只眼睛却出奇的明亮。他结结巴巴地说，暖暖，你，你真的要去北京的大学吗？

我歪着头，疑惑地问，我什么时候说过了？难道我没告诉你，我要去你去的那所学校吗？

冯小疯闻言，脑袋咚一声磕在桌子上不省人事，估计是醉得太厉害了。我无言地把他扶起来，靠在一边的椅子上坐好，然后给他搭了件外套。

冯叔叔直夸我懂事，然后拉着我爸爸絮絮叨叨地说着，孩子大了，可以定亲家了什么什么的。我红着脸，跺跺脚，便冲了出去。

这孩子害羞了……身后传来大人们哈哈大笑的声音。

跌破眼镜的相见

我一直悄悄计划着北上的事情，从来没有想到过会被冯小疯发现。更没有想到过，他会追着我一起来北京。

只是……这亦步亦趋是个什么节奏？从酒店跟到街上，从天坛跟到长城，从香山跟到天安门，都已经跟了三天了。

我狐疑地侧过头，瞪着身边毫无所觉的冯小疯。真想把他团起来，打包送回去。他跟着，我还怎么去找安心，给他一个惊喜？

“不用在意我，你继续。”冯小疯扬唇一笑，笑得春风得意。

“那你跟着我干吗？”我咬牙切齿。

“谁说我跟着你了？这么宽的路，许你走就不许我走吗？”

我不再言语，闷头继续走。他双手抄在口袋里，长腿迈得虎虎生风。

我左右看了看，判断着地形，几分钟后停下脚步，对冯小疯说，“我们去故宫博物院吧。”说罢，转身拐下了地铁。冯小疯不出所料地快速跟上来，眼瞅着他也一起踏进地铁站，我数着秒，在地铁门关上的最后一秒跳了出去。

冯小疯玩世不恭的脸，在那一刻扭曲出一个好笑的模样。我朝着玻璃门里那张脸吐了吐舌头，欢快地走出地铁口。

来北京之前，就提前打听好了安心的地址。我买了束花抱在怀里，顺着手中的地址慢慢找，最后来到一栋写字楼前。

我握着电话，忐忑不安地拨通了手机，“嗨，安心，我现在就在你楼下。”

电话里静默了三秒，果然传来安心惊讶的声音，“什么，你真的来了？等我几分钟，我马上下来。”

我眯着眼睛，看着那个从写字楼中匆匆走出来的男子，满心感激地迎上去……他却直接越过我向后面走去，白目地左右张望。

我心中冷静睿智，从容优雅的安心，就这么幻灭了。

真是无语泪先流，我默默地走上前，拍了拍他的肩膀，艰难地说道：“安心，我在这里。”

他隔着厚厚的镜片看了看我，又看了看我手中的花，不确定道，“安七暖？”

“是。”我继续艰难地点点头，将花捧到他面前，“这段时间，谢谢你了。”

他笑着扶了扶眼镜，接过花，笑容温暖和煦，“小丫头，你成功啦？你的励志感情史都可以再写一部小说了，你有没有兴趣……我们下次讨论讨论？”

“暖暖……你怎么可以背着我找别的男人？”

我浑身一抖，瞟了眼不远处风风火火奔过来的冯小疯，又看了看面前一脸诚挚的安心，顿时觉得一个头两个大。

退后两步，我冲着安心毕恭毕敬地鞠了个躬，“对不起，让您见笑了，那个蠢货就是我喜欢的人。您说的事，我会考虑的。还是谢谢您，那么，再见……”

说完便快速地转身，预备在冯小疯进一步靠近之前，率先拦住他。

身后传来安心的声音，“你们好好在北京玩啊，抽个时间，我请你们吃个饭啊……”

那些来不及说的话

“你怎么找到我的？”

“北京太大，我怕你走丢，于是在你手机里下载了一个定位软件。”

“你……”

“那个人是谁？”

“安心，买我稿子的金主。你住的房间还是用他给的钱……”

“安七暖……”

“干吗啊，突然叫那么大声。”

“我喜欢你，所以你不准再去找别的男人。”

“冯书源，我，我也喜欢你。”

“你说什么，再说一遍？”

“好话不说第二遍。还有，你和路欣然什么关系？”

“我们真的没什么关系啊，不过是她喜欢我，追求我而已……”

“你还敢说？”

“嘶，别拽我耳朵，我不是一直没答应她嘛？话说，你从什么时候开始喜欢我的？”

“从第一次见你开始。你呢？”

“我也是。”

“那你为什么总是对我那么凶？”

“你难道不知道，小时候男孩儿欺负你，就是喜欢你吗？这个世界上，只有我能欺负你……”

青梅竹马和阿热

十一醉

1

自古青梅竹马必有“奸情”，我祖上积德，今生有幸发展出两段“奸情”来。

我和两个少年从小一起长大，众人公认的男一号莫维安越长越俊逸，修长的身姿加上温润的眉眼，让他只需要穿一件白衬衫站在我们教室外轻声道，“余鹿，我来接你了”，众女生就会雀跃不止激动异常，搞得好像她们都叫余鹿似的。

然而与此同时，我的另一个竹马林梓时，却在不知不觉中……长歪了。

“林梓时，整天宅在家里玩游戏是追不到女一号的！”我十分惆怅地望着他的鸡窝头，苦口婆心劝道，“若想未来美好，你应该振作起来，再如此堕落连阿热都要鄙视你了，出去活动活动多好啊。”言毕，我拍拍身旁的大狗阿热，它立刻配合地“汪汪”了两声。

林梓时看都不看我，一边聚精会神地在键盘上五指翻飞，一边面无表情地问：“活动？比如？”

“比如带阿热出去散步！”顿了顿，我又迅速补充，“以及帮莫维安拿下校篮联赛的冠军！”

“前者免谈，后者我答应了，这样，你可以回去了吧？”

他的爽快倒是出乎我意料，明明他们两个从十四岁那年之后，就像陌生人似的。不过既然任务完成我也懒得管那么多了，眼下最重要的是，既然我心仪的男一号不肯主动，那就只能由我自己为幸福努力了！

“阿热已经好久没出去散步了，你想闷死它吗？”我严肃地说着，且用力拍打阿热的臀部，受刺激的大狗马上开始“汪汪”地满屋乱窜，弄出巨大动静。

无法忍受的林梓时，终于脸色铁青地关掉了游戏，然后冷冷地看着阿热道：“我没拿你去涮火锅是因为我爱你，但是你最好记住是谁供你吃住。”

阿热似乎感受到了低气压，慢慢地停下了，我看它可怜兮兮的样子，于心不忍地大叫：“阿热，没关系，我替你撑腰！”

于是它又欢快地奔腾起来……

我看着阿热狂放不羁的身影，深深地为林梓时家里没有草原而感到难过。

我慢悠悠地跟在他身后，看他晃荡着狗绳，若阿热见到什么新奇的东西，像风一样向前冲时，他就面无表情地把狗绳往后一拉，几次差点儿勒死阿热。

“你哪里是爱它啊，我把它托付给你几年了，它都没有生娃，原来是你在虐待它！”我很有正义感地为阿热出头，不料林梓时睨了我一眼后，淡淡地道：“我难道会告诉你，阿热是公狗这个事实吗？”

我一窒，反应极快地问：“就是因为这个原因，你才不爱它吗？”

“不用模糊焦点了，”他一手插在裤兜里，用着无所谓的语气说，“虽然不太喜欢在那么多人面前打篮球，不过既然是莫维安拜托的，我也就答应你了。”

闻言，我并不怎么开心，他到底是什么时候和莫维安和好如初了？冥思苦想半晌，突然忆起一件往事，于是我忧心忡忡地问：“那个，你记得十四岁那年我扭到脚，你背我回去时，答应过我什么吗？”

“嗯，你抽风地要我答应你，和莫维安相亲相爱。”他目光闪了闪，蓦地道，“你是在疑惑我们怎么和好了吧？男生之间的友谊很简单的，玩游戏的时候我得罪了大神，被人线上追杀，他知道后立刻带人救了我，我们就和好了，如此简单。”

2

林梓时果真没有食言，高校篮联赛开始之后，他便领着我们班一路过关斩将，冲入决赛。

男生们在球场上挥汗如雨，女生们在看台上呐喊助威，不过因为莫维安的长相实在太过出众，所以我经常会听到类似于“那个黑球衣的7号好帅啊！”“他叫莫维安，是我们校草来的，我们一起来帮他加油吧！”这种对话，于是搞得无论是谁进球，喊着“莫维安加油”的声音永远是最大的。

我看着林梓时一次又一次卖力地运球助攻，队上的比分基本都是他得的，但场上响起的加油声无一不是带着“莫维安”三个字，这让我倍感气愤，可我又孤立无援，只好冲身旁的大狗吼：“阿热，林梓时最帅了对吧！”

阿热又是招牌的“汪汪”两声。

“不就是黑了点儿嘛，人家那种无所谓的调调，以及面瘫毒舌的属性，可是万千二次元爱好者的萌点所在啊，更何况他还体贴到了让人心动的地步！”我喃喃自语，思绪悠悠回到十四岁那年。

最开始，阿热其实叫热狗，而且还是寄养在莫维安家的。它是我们三个共同发现的小流浪犬，那时它才小小一丁点儿，头还没我巴掌大，对萌物毫无抵抗力的我，当下兴冲冲地就将它抱了回家。

结果不出所料被父母骂得狗血淋头，于是只能求助于我曾经以为的命中注定的男一号莫维安，他比我们大三岁，那时我和林梓时刚升初一，他却即将毕业，身上自然而然地就带着“大哥哥”的可信赖感，于是我特别爱当他的小尾巴。

可后来就因为我把阿热交给了他，之后发生的事，让我一直到现在都无法释怀。

莫维安明明答应我一定会好好照顾阿热的，可第二天我带林梓时去看望阿热时，却被莫妈妈告知，阿热已被他们赶出去，末了，她还冷着脸让我们别分心，要好好学习，向品学兼优的莫维安看齐。

我没有回话，静静地挨训，宠物丢失以及被信赖的人辜负，让我心生委屈，红了眼眶。

最后，我和林梓时寻遍大街小巷，不顾众人怪异的目光，大声喊着“热狗”。

所幸没多久我们就在河边找到了它，可让我心疼的是，阿热的尾巴被老鼠夹夹住了，它正呜咽地叫着，也不知挣扎了多久，尾巴甚至隐隐带了血迹。

我一急就这么冲下河堤，却不慎失去平衡，顺着斜坡滚了下去。

林梓时迅速过来扶我，却被我一把推开：“先去救热狗！”

他看了我一眼，毫不犹豫地抓过热狗，两手一用力就掰开了老鼠夹，然后又迅速替我查看红肿的脚踝。

这时，莫维安突然出现，见我这样便皱着眉问林梓时怎么回事。我看着他身上的校服，蓦地想起这是我们上下学必经之路，而现在是他们毕业党的放学时间。

我刚反应过来，从林梓时口中得知事情始末的莫维安就走到了我面前。他不但没为赶走阿热的事道歉，反而教训起我的冲动莽撞，我倔强地不发一语，最后他才无奈地背对着我蹲下：“下次别为了一条狗而伤到自己，上来吧，我背你回家。”

我只觉得失望，一直以为很亲近的人居然不懂自己的心情，还站在旁观者的角度教训自己，那一刻，以往莫维安宠我护我的记忆碎成了一地眼泪，我一动不动地盯着他的背，心里那个声音慢慢扩大——这不是我要的。

我以为我们就要这样僵持下去时，林梓时走了过来，他毫无预警地推开莫维安，由于是蹲在地上，莫维安一个重心不稳，就跌坐在了一旁，我们均望向他，十分错愕。

只见林梓时径直将阿热放到了我怀里，然后示意我爬上他的背，我乖乖照做了，还把阿热也放在他肩头，我们一人一狗可怜兮兮地趴在他背上，林梓时看都没看莫维安，直接走了。

我感动得无以复加，连连称赞："林梓时你好霸气，从今以后，你就是我的男一号了！"阿热趴在他肩上，扭了扭小身子，也跟着"汪汪"两声。林梓时懒得理我们，喘着粗气向前。

"林梓时……不过你不应该那样对莫维安，他毕竟是哥哥。"虽然我此刻对莫维安心怀不满，对林梓时心跳加速，可我依旧还有些许理智，明白何谓千里之堤溃于蚁穴，我不希望我们三个的感情就此被毁，于是又说，"你要答应我，和莫维安相亲相爱。"

林梓时依旧不吭声，直到我伸手去揪了揪他的耳朵，他才微不可闻地"嗯"了一声。

可后来他虽没有和莫维安绝交，但始终回不去以前称兄道弟的时光，他们越发疏离，保持在君子之交淡如水的状态。而阿热最终留在林梓时家，代价是他第二天满身带伤地出现在我面前，我心疼地问："你爸又用晾衣竿打你了？"

他一脸无所谓地回答："不知道，我被抽失忆了。"

我配合地夸张大笑，看着这个因为怕我失望而扛下所有，却还故作无所谓的少年，脑海里莫名浮现出——这是我想要的。

3

从回忆里抽身，裁判已吹哨宣告比赛结束，一场比赛打得毫无悬念，林梓时他们顺利挺进六强，女生们纷纷上前给自己心仪的男生递水擦汗，我当然也不例外。

在别人望着里三层外三层的人群发愁时，我颇感得意地拍了拍阿热：“幸好我早有准备，去开路吧，风一样的男子！”

然后阿热就一路“汪汪”乱叫向前冲，我牵着它畅通无阻地来到人群包围圈中心。

欢喜抬头的瞬间，我看见的却是莫维安温柔的脸。我一愣，反应过来后立刻怒吼：“傻狗，你老爸在那边，你又不是哈士奇，为什么老认不清是谁在供你吃住！”

莫维安没有理我的吼叫，径直拿过我手上的绿茶，笑得如春风拂过：“小鹿，你过来。”

他根本没给我拒绝的机会，拉过我就朝周遭的女生宣布：“这是我的女朋友，余鹿。”

人群一阵骚动，我连忙去看林梓时的反应，却见一个女生勾住他的脖子爽朗地笑着，而他在听到这边喧闹的声音后，双眼淡淡掠过我们，然后低头在那女生耳边说了什么。

我呆呆地看着那女生听完他的话后主动拿好毛巾替他擦去脖子上的汗珠，脑袋一片空白，甚至忘了反驳莫维安，错过最佳撇清机会，于是“莫维安女友”的帽子，就这么扣在了我的头上。

知道我们三个是一起长大的小伙伴们，纷纷前来祝贺我：“没想到最后莫维安没有和林梓时在一起啊，你倒贴了那么多年，终于守得云开见月明，实在可喜可贺。”我三番四次地辩解我和莫维安没有谈恋爱，他们一副“你就装吧”的表情：“我们又不是不认识莫维安，他那么内敛的人能有这么一个吓人的举动，不是你怂恿的还能有谁？”

这么一说，我隐隐觉得此事必有蹊跷，可一时又说不出哪里不对劲，再加上心中郁结，这点儿小细节已不在我介意范围内，现在我只要一想到，自己守身如玉十七年，好不容易有场初恋，还是被污蔑的，就觉得有万千只阿热从心上奔腾而过！

但罪魁祸首莫维安竟毫无愧疚之色，自那天过后依旧满面春风地来接送我上下学，每次我坐在他单车后座，都要迎风咆哮："莫维安你几个意思，开这个玩笑爽到你了吗？"

他每次都不回答，总以别的事转移我注意力，譬如这次，他一开口就是："你看见那天给林梓时擦汗的女生了吗？我好像记得，她叫林楠，以前跟我们一个高中的，因为在普通班，我们没什么交集所以不认识……"

我顿时严肃了表情："她哪条道上的？"

"少不正经了。"莫维安失笑，"她可是为了林梓时才拼命考上这里的，还创下了我们学校普通班有史以来高考最高分的记录。"

因为有莫维安的指导，加上我和林梓时的天资还算过得去，所以读书以来我们都混迹于重点班内，我不知道一个普通班的女生想考重点大学要付出多大努力，但我明白默默追随一个心仪的背影许多年，得承受多少心酸和失落。

一瞬间，我只觉得挫败，因为我发现连作为旁观者的我都被这份执着打动了，更何况是当事人林梓时？

4

心底越发不安的我临时起意，决定拉着莫维安去找林梓时，美其名曰：庆祝打进六强！

怎知抱有这种想法的人不止我一个，当我们去到林梓时家时，林楠已经坐在了他家客厅，见到我们进来，她还大方地朝我们打招呼。

许是听见了声响，围着围裙的林梓时从厨房走了出来，他瞄了一眼我手中的钥匙，只交代了一句“我爸今天不在，蹭饭免谈”便又钻进了厨房，莫维安见状轻轻一笑，礼貌地对我们说一声“我也去帮忙”，就也跟了进去。

林楠直直地看着他们的背影，突然扭过头来，目光坚定地对我说：“余鹿，我不会输给你的！”

我一怔，困惑地看着她。

“我一定会让他喜欢上我的。”她蓦地捏紧拳头，眼中燃起了熊熊烈火，“识趣的你就主动退出，免得受伤！”

当时我就震惊了，只觉棋逢敌手，一定要有所反击：“凭什么？就算我放弃，他也未必会接受你！”

“可你不放弃，他就一定不会接受我啊！”她义愤填膺地说完，又站起来向我宣战，“既然你不愿意放弃，那我们出去单挑！”

她一根筋的个性让我顿感她不是地球人，于是我越发努力地规劝道：“我们青梅竹马那么多年，一出生便朝夕相对，你完全没优势的。”

“正是因为你们一直在一起才会产生日久生情的错觉！如果让我和他相处一段时间，他就会明白，我才是他的真爱！”

她不经意间戳中我的软肋，让我瞬间哑然。

她不知道，我之所以如此煞费苦心地纠缠林梓时，就是因为哪怕我们在一起那么久，我都没有错觉过，他有对我日久生情。

思绪突然乱成一团，像打了千百个结的毛线球，我烦躁地瞪了她一会儿，忽然就听见林梓时在厨房里叫：“进来帮忙端菜。”

我的心咯噔一下，反射性地回了句：“爸妈催我回去，先走了！”然后落荒而逃。

林梓时，我突然不知如何面对你，我怕我和林楠在同一张桌子上吃饭时，你会选择为她夹菜，到时候我这个青梅，一定会无地自容到恨不得就此消失的。

5

逃回家后，我就窝进了房间网游，本想借此忘掉烦心事，却因玩得不顺手而越来越火大，即将走火入魔之际，突然响起的铃声拯救了我，可一看到是林梓时打来的，我整个人又不好了。

“有事吗？”我冷冷接起，烦到极点时反而没了大吼大叫的心情。

我想过千万种他打电话来的可能，却唯独没料到他一开口就是问：“阿热在你那儿吗？”

“阿热？”我有点儿反应不过来。

“它不见了……”他的语气越来越凝重，“我做好饭出来发现阿热不见了，林楠说你前脚刚走，阿热就追了出去。如果它不在你那边，我们就得赶紧出去找了。”

我一听，瞬间将所有抛诸脑后，火速回答：“你们从那边找过来，我则沿路找过去，电话联系，就这样。”一说完，我就带着浓浓的不安，直接冲出了门。

脑海里自然而然浮现出十四岁那年阿热血迹斑斑的尾巴，一想到它现在可能在哪里无助地呜咽，我就止不住心慌。

阿热不要怕，妈妈这就去带你回家。

仿佛昨日重现，我奔走于街头，焦急地呼唤着阿热的名字。

几乎是下意识地，我来到了河边，而林梓时他们也刚好赶到，我正想走上前去，却看到林楠也在，我喉咙蓦地一紧：“她来做什么？”

“多一个人多一分力量，这个时候不要闹脾气。”他一眼便看穿了我的心思，却不是选择站在我这边。可听了他的话，纵是心底再怎么不爽，我也只能暂时放下“私人恩怨”，转而开始大声呼喊阿热。

我们边走边叫，许是声音终于起了作用，河对岸倏地传来“汪汪”声。

只见阿热远远地从上游奔来，见我们都在对面，竟直直地冲进了河里!

“阿热！”我立刻慌了神，迈开步子就要冲下斜坡，有了前车之鉴，林梓时迅速拦住了我说：“莫维安说你莽撞，还真是没教训错，你又不会游泳，这样冲过去有什么用？”

“难道我们什么都不做吗？！”我气急败坏地吼回去。

正当我们争执不下时，莫维安已脱了外套和鞋子，一头栽进了河里。

他试图抓住阿热，可溺水中的它挣扎得太厉害，爪子甚至差点儿戳到莫维安的眼睛，所以莫维安无法靠近，我在岸上徒劳无功地劝着阿热要乖，却忽然见莫维安拍打起水面来。

正当我疑惑之际，林梓时突然变了脸色：“糟了，肯定是因为河水太冷，他又没做准备运动就待在水里这么长时间，所以腿抽筋了！”

闻言，我又想往前冲，可有人比我更快。只见林楠拿着自己拧成条状的外套利落地跳进了河里，她先用外套圈住了阿热交给莫维安，然后托住他的下巴向岸边游来，所幸这次再没发生什么意外，莫维安一安全上岸，林梓时立刻捡起他刚在扔在地上的外套替他披上，然后又脱下自己的外套递给林楠。

意外的是林楠没接，而是开口责问起林梓时：“你为什么只站在岸边看？”

“他不会游泳。”林梓时还没说话，脸色苍白的莫维安便先替他解释了，末了，又一脸愧疚地向林楠道谢，“是我太大意了，不仅没帮上忙，还连累你下水救我，真是对不起，还有……谢谢你。”

林楠的气势突然就弱了下去，她摆摆手，结结巴巴地道：“小……小事一桩。”

我虽对她的举动很困惑，但现在还不是问问题的时候，当务之急是将阿热送到宠物诊所。

我用自己的外套一遍又一遍地替它擦干身上的水，却忽感不对劲，于是又用力揉了它几下，发现它还是没反应，我开始止不住地颤抖："林梓时……阿热它为什么……不动了？"

6

林梓时有条不紊地吩咐完林楠送莫维安回家换衣服看医生，就陪我带阿热到了宠物诊所。

穿白大褂的兽医正在皱着眉对阿热进行一系列检查，我隔着一扇玻璃，紧张地看着医生为阿热治疗，一边反复问林梓时："它会没事的对吧？"

不知重复了多少遍，林梓时终于看不过去，伸出手将我按在了怀里，虽然这个不会安慰人的少年什么都没说，但这温暖的怀抱足以安了我的心。

"林梓时……"我把头深深埋进他怀里，终究是哭了出来，"我好怕，要是阿热离开我了怎么办？"

"不会的，阿热知道我们这么爱它，一定舍不得离开的。"

闻言，我泪眼朦胧地抬头，却发现这话是莫维安说的。不知何时，他已换好衣服还在林楠的搀扶下来到了这附近唯一的宠物诊所。

一想到他刚才奋不顾身地去救阿热，情绪已平复不少的我立刻深深地道了谢。

莫维安虚弱一笑："这事早在三年前我就应该做了。"

我皱皱眉，不解地看着他。

"当年我妈妈极力反对，我迫不得已只好赶走了阿热，后来见你居然为了一只小狗而不顾自身安危，更是觉得你不成熟……"他叹息一声，接着道，"如果不是我问起林梓时，我还一直不知道你们突然疏远我是因为这件事，所以我现在认真地向你道歉，我已经明白它对于你来说有多重要，也会愿意尽力去保护它。"

"都过去了。"我闷闷地道。

“你虽这么说，可你心里却没有真正地让这件事过去。”莫维安说完，犹豫地望了我一眼，才略带紧张地问，“现在你愿意原谅我吗？”

我定定地望着他，似看时光在眼前倒带，记忆回到许多年前，那时我和林梓时会在父母耳提面命让我们向莫维安看齐时面露不屑，暗地里却又无比信赖这个大自己三岁的邻家大哥哥。他之于我们是一个特别的存在——与我们没有血缘关系，却一直看着我们长大。他的身影塞满了我们成长的时光缝隙，在我们心里，他早已从邻家大哥哥变成了——哥哥。

往事在脑海里浮浮沉沉，望着他愧疚的脸，我正欲开口，医生却突然推门而出，带着疲惫的微笑向我们宣布：“它没事了。”

7

确认阿热没事之后，我们就离开了诊所。一路上我们默契地沉默着，只有阿热哼哼唧唧地趴在我怀里，偶尔抬头眨巴眨巴地望我一眼，我对它笑笑，它便又低下头去哼哼唧唧。

不知走了多久，我们到了分岔路口，莫维安便停下脚步，虽然他很温和地笑着，但语气却是十分失落：“我到了，再见。”

林楠立刻接过话去：“我也走那边，一起吧！”

莫维安“嗯”了一声，又说了一次再见，林梓时以点头回应，末了，他们三个的目光全部集中到我身上。

我深呼吸几口气，明白他们眼神里潜藏的意思，于是顺应大众要求，继续刚才想说的话：“莫维安，你记得阿热以前的名字吗？”

“嗯，那么能勾起别人食欲的名字，我怎么可能不记得？”他的目光慢慢亮了，语调压抑不住欢喜地上扬起来，“是热狗，对吧？”

“嗯！我觉得热狗比较好听，所以决定改回来了！”

就让阿热变回热狗，我们一起回到时光最初的模样，放下曾经的眼泪和伤害，随成长学会包容和原谅。

欢迎回来，我们最美好的曾经。

8

解开多年心结，我豁然开朗，和林梓时目送莫维安林楠离开后，心底最深的疑问终于被我提了出来：“话说，林楠到底是怎么回事？”

林梓时勾了勾唇，将我所不知道的事一一道来：“她喜欢的是莫维安，可这个女汉子一碰见莫维安不知道为什么就会脸红结巴，于是就找上了我帮忙。出于好心，我就打算让她先成为我的朋友，以我为媒介，让她顺理成章地待在莫维安身边。”

“可她那么暧昧地帮你擦汗，这样我很在意！”一不留神，竟将心里话说了出来，我连忙住嘴，耳根开始发热。

林梓时意外地没有取笑我，反而淡淡地笑了：“那就好，知道你会在意，我也就安心了。”

“嗯？”我眨眨眼，随即明白过来，“难道说你是故意的？”

“我故意的事还不止一件，一直以来你就比较喜欢跟在莫维安身边，我还以为你对他……”他顿了顿，又是笑，“不过看你在他宣布你是他女朋友后，急于撇清的样子，证明我想太多了。”

难怪莫维安如此内敛的人会反常地当众宣布我是他女朋友，原来是林梓时为了试探我心意的把戏！

“你这个……”我理清所有事情背后他搞的小动作后，虽然觉得他为了自己费那么多心思很甜蜜，但是碍于面子，我还是佯装生气地吼了一声，可我一抬头，就发现他已经走出好远。

“喂，你这么闷骚，你家里人知道吗？喜欢我还不如大声表白，说不定我心情好会接受呀！”我小跑追上他，怎知听了我的话的某人竟加快了步伐！

“林梓时你是不是害羞了！”

“汪汪汪！”

十月照相馆

亚小诗

1

彭月跟大部分平凡的女生一样，长相一般，成绩中等，没有擅长的运动，也没有拿得出手的乐器，但她有一样是被众人羡慕的，那就是她从小在照相馆长大。

彭月家有一家小的照相馆，照相馆开了很多年，比彭月还要大一岁，当年，彭月的爸爸，就是凭借一手好的摄影技术追到了她的妈妈，当年的爸爸要是放在现如今，就是标准的文艺青年呢，妈妈对才子一点儿抵抗力都没有，彭月也是，这是她最像妈妈的一点。

父母在结婚后不久，共同开起了这家小照相馆，照相馆的名字叫“十月”，很容易记住吧，因为结婚和开业都在十月呢，十月是对父母而言是最浪漫的月份了，不冷不热，秋色宜人。更巧的是，彭月在次年的十月出生，因而名字里也带了个“月”字。只是调皮的男同学喜欢在她的名字后面加一个“长”字，就成了“膨胀”，哈哈，微胖却乐观的她倒也习惯了这种戏谑，有时甚至自称为“小胀”。

彭月的爸爸从她一出生起就经常给她拍照，哦不，准确说，是她还没出生，就已经出现在了妈妈的孕妇照里，那时候还没有数码相机，每按一次快门都是一笔消费，爸爸却从不吝啬，彭月今年十七岁了，她有数不清的照片，一路的成长都被爸爸的相机记录了下来。

彭月一家的生活就像小照相馆的生意一样，不温不火，却简单幸福。

2

这一天，彭月像往常的周日一样，坐在自家店里，边写作业边看表边偷瞄妈妈正在看的电视，还同时瞄瞄店外的行人，一心一意这个词从来不会出现在彭月的字典里，她甚至称不上三心二意，十心九意还差不多。

彭月看着时钟无比漫长地走到了五点，哎呀，他马上就要路过了，彭月偷偷地告诉自己。然后，她似乎开始有点儿紧张，拨弄了一下头发，坐直了身子，以一个自认为最优美的姿势握住笔，一副投入学习的样子，眼睛却盯着窗外不放，等待着那个即将路过的人。

他来了，跟以往的每个周日一样，五点零几分，拎着小提琴，路过这家不起眼的小照相馆，走得很慢，低着头，若有所思的样子。平常他也是这样的，是在琢磨刚才的曲子，还是在打着腹稿搞创作？总之，这种认真的投入的深情，加上绅士般的长相，让这位小提琴少年有着别样的气质。

彭月佯装低头端庄地写着作业，眼神却直勾勾地不舍得离开少年的身影。照相馆太小了，店面很窄，一下子就让人走完了，即便他每次都走得慢，但从进入彭月视野到离开，也只有短短几十秒钟。

但是，今天却不一样！少年在玻璃窗外停下了脚步，这是彭月观察了他近两个月来唯一的一次驻足，彭月为此激动不已。少年侧着头，看着彭月的方向，足足看了有一分钟！彭月的脸刷一下就红了！天哪，他是在看自己吗，自己写作业的样子是不是很美啊？让他有了创作的欲望？难道要为自己写首歌？不不不，异想天开的彭月不敢再往下想，再想就该飞起来了。

少年走了，他终于走了，他再不走，彭月就该被自己绯红的脸烫死了。

少年走后，彭月开始了无尽的后悔，刚才因为太害羞，发现他在看自己这个方向时，只敢埋头在草稿纸上佯装写字，别说对视了，连抬头都不敢，只是顺着眼角的余光瞄一瞄，确认他走了才敢抬起头来。这么好的对视机会，白白被自己浪费了呢，没准一对眼，就关系进一步了呢。

干吗呢？发呆不写字！妈妈的吼声把彭月的思绪从九霄云外拉了回来。妈妈说，咱家玻璃窗是能反光当镜子照，但也不至于盯着自己不放啊你！

什么？反光？彭月揉了揉眼睛，看着玻璃窗，好像是有点儿，可以照镜子！难道刚才小提琴帅哥是在照镜子吗？不会吧？她顾不上妈妈的话，立马站起身子，跑到店外刚才少年站着的位置，看着自己的座位方向，是能照镜子，但也能看清楚里面的人，那到底他刚才是在看我呢，还是在看他自己呢？

唉，也许是看他自己吧，他自己比我好看多了，说罢，彭月垂着头回到了座位上，很不情愿地继续写起了作业，笔下究竟写了啥她也不清楚，她只知道，自己的小虚荣、小满足就像刚飞上天就被扎破的气球，干瘪瘪地落到了地上。

3

这一周的学习，彭月老是心不在焉，眼睛盯着黑板，思绪却跑个没边，同桌大林渐渐看出了端倪。

喂，胀胀，你咋啦？这一周老不在状态啊，来“大姨妈”了？大林问。

去你的，我遇到了一些感情上的问题，你这种大老粗，说了也不懂，做你的二次函数去吧，让我静一静。彭月头也没扭地应道。

最烦的二次函数了，求你别说，听到这四个字我就跟孙悟空听到紧箍咒似的，学术问题咱不深究，但是感情的问题嘛，我还是可以帮你分析分析的，毕竟我也是追过校花的人嘛。大林一副老前辈的劲儿，看起来有点儿搞笑。

你得了吧大林，追过校花又不是追到了校花，你嘚瑟个什么劲儿啊，我哥哥高考三百多分，在一本志愿那一栏还报了清华呢，报考算啥，录取了才是本事啊！你也是没有成功谈过恋爱的人，没资格瞎指挥。

你不也没谈过？说得跟你懂很多似的。大林不服气地回道。

我是没谈过，这不是快谈了嘛！

什么情况？跟谁？大林眼睛都瞪圆了，他喜欢八卦的程度，可比一般的女生厉害多了。

彭月意识到自己说漏了嘴，戛然而止，任凭大林百般求问，依然不肯再多说半个字。

这一周，除了因小提琴少年那惊鸿一瞥是否为自己而纠结，彭月还忍受着十万个为什么的大林的逼问，生活简直糟糕透了，她每天都盼望着周末能早点儿来，就算不为了见玻璃窗外的小提琴少年，也要为自己图个清静。

4

今天又是周日，一切都跟往常一样，爸爸出门给商业活动拍照，妈妈在家看店，彭月写着作业，而那位神秘神气的少年，又会在固定的时间，路过她家的店。

彭月这次决定，如果少年再次停下了步伐，她一定要跟他对视，确保他是在看她，而不是在对着玻璃照镜子。彭月想了一个礼拜，她渐渐想乐观了，街上那么多反光的窗户可以用来照镜子，唯独站在了她家店外照镜子，那也不合常理对不？所以，自己还是挺有戏的。

果然，少年在下午的五点零三分再次路过了，这次，他不是突然驻足，而是，远远地就盯着照相馆的方向，似乎目的性很强地在看，等他走到照相馆正对面的时候，他像上周一样停了下来，他深情投入地看着彭月的方向，他的眼神，何止是在看，简直是在驻足欣赏。埋头的彭月心里小鹿乱撞，这下基本肯定对方是为了自己了，她决定抬起头，跟少年四目相对。

当她抬起头，自己炙热的目光跟少年的目光刚刚碰上，少年就略带尴尬地扭回了头，略带慌乱地走开了，那背影，甚至有点儿逃离现场的感觉。

哈哈，他害羞了呢，他跟自己的目光对接上就害羞了呢，这家伙害羞的样子，真可爱呢！彭月高兴得几乎要飞起来，想不到，自己这十七年来没有任何感情经历，眼看着就要交着白卷迈过十八岁，老天爷却让自己有所收获，真是天赐少年。自己对才子真是一点儿抵抗力都没有呢，虽然没见过他拉小提琴的样子，但是想想那个画面，就觉得美得不敢看，就像偶像剧似的，哈哈，想不到生活也能过成偶像剧啊，偶像剧里的男主角，爱的可都是自己这种简单平凡心地善良的姑娘啊。

周一去上课的时候，彭月一脸春风，大林问她是不是上学路上捡到钱了，彭月笑而不语。这个八卦王，还是先跟他保密比较好，事成之后再告诉他也不迟。

好奇心巨强的大林课上课下都在逼问，彭月按不住，说你就当我捡到钱了咯。大林虽然不信，但是狡猾的他顺水推舟，哦，你捡到钱不上交，那你要给我封口费，你要请我吃东西。

服了你了，你个老狐狸，放学油炸舍走起。彭月心情好，被敲诈一下也无所谓。

5

因去了油炸舍，彭月比平常晚了一些到家。

照相馆一楼营业，二楼住家，但是营业时间楼下不能没人，所以彭月家经常是在一楼吃饭。她回到家，碗筷和饭菜都已经摆好，妈妈问她去哪了，这么晚回来，她笑着说，应酬啦。

妈妈唠叨了几句女孩子家的不能老出去鬼混，就相安无事地吃饭了，彭月心情好，妈妈说啥都不生气，心情好可是战胜一切的原动力呢。

彭月家家庭气氛轻松，许多小孩儿吃饭的时候家里不让说话，但她家吃饭的时候就经常聊天，这不，妈妈首先就发话了。

话说琪琪这幅照片真是咱们店里的活招牌，扩大冲印了放店里绝对是你老爸的明智之举，这幅照片一挂，咱店里生意都好些，你爸拍得也好，琪琪长得也好，这姑娘，成绩好、会很多乐器，又乖巧懂事，她妈妈真是好福气哦。

妈妈口中的琪琪姓沈，名叫沈琪琪，彭月最烦妈妈说起她了，沈琪琪是不远的一个店面服装店老板的女儿，跟自己同岁，也读高二，也在自己的学校，大林喜欢她很久了，但她冷若冰霜。她就是典型的那种别人家的孩子，什么都好，还比你努力，把所有周围的人都比了下去，无形中成了附近小伙伴的生存压力。而妈妈口中的这幅照片，就是沈琪琪在她家照相馆拍的一组生日写真中的一张。照片中的沈琪琪身穿白裙，坐在窗台下，逆光微笑着，美得要成仙了。照片拍得很好看，爸爸把这张扩印了放在店里当广告，为这事，彭月还吃醋呢，从小到大，爸爸给自己拍了这么多照片，还没有一张被扩印到如此巨大，还摆在橱窗里最显眼的位置。真是，别人家的孩子，什么都好，连自己父母爱她都好像爱得比自己多，真是想想都气。

妈妈接着自己刚才的话讲，这不，刚才傍晚的时候，店里还来了一位客人，拍了一份寸照，眼睛却自始至终盯着琪琪的那幅照片，还执意留下了一封信，拜托我务必转交给琪琪，你说奇怪不奇怪？对了，信还在柜台上放着呢，月月，你拿去给琪琪吧，你平常在学校见她容易。

哦，好。彭月继续闷头吃饭，边吃边嘟囔道，这有什么好奇怪的，人家是校花嘛，看的情书比课本都多，多这一封也无所谓。满满的醋意，整碗饭都酸了。

6

彭月家的照相馆虽然小，但服务很全，基本上，当天白天拍的照片，当天就可以取照片，但是傍晚或者再之后的，就得等到后一天。

彭月自己对拍照也挺感兴趣，爸爸拍照的时候她打打下手，爸爸洗出来的照片，他帮忙裁剪和打包。这一天晚上店里关门之后，她像往常一样帮爸爸把洗好的照片放进纸袋里。等等，这是……这个寸照里的人，不就是那位小提琴少年吗？他什么时候来自己家里拍照了？

难道……啊，天哪！彭月简直要哭出来，妈妈晚餐时说的话，加上少年盯着店里发呆的场景，同时像电影的快进一样跑过自己的脑海，原来是这么回事，原来跟自己没有一点儿关系，他只是盯着店里的照片，恰巧方向跟自己坐的位置一样而已，他只是喜欢上了照片里的沈琪琪，然后像所有普通的男生一样，想追求她，还这么烂俗地写情书，真是恶心，真是讨厌！

为了不让爸爸看出来，彭月含着眼泪，手几乎是颤抖着把少年的照片放进妈妈写好的纸袋里，她看了眼纸袋上的名字，唐典，啧，什么人啊，浪费这么文艺一好名字。

然后佯装无事地回到了自己房间，关上门就开始哭。女汉子的她很久没哭过了，这次的哭，一为看穿唐典人品，二为自己一厢情愿的羞耻心。真的太丢脸了，她觉得这是自己这一辈子做过最丢脸的事了，盲目自信了吧？打脸了吧？气愤的她脑海中两个小人在吵架，不，不是吵架，是一个欺负另一个，一个喋喋不休地说着风凉话，一个只知道哭没有一句回嘴。

要不事情就这样吧，既然他不是个靠谱的人，沈琪琪也不是一个自己喜欢的好姑娘，不如就将错就错，把他的信毁了，不给琪琪，这是给肤浅人类的报应。彭月口口声声地说报应，但她心里知道，那只不过是她的最后一点儿自尊心作祟了，自己得不到的，也不要让别人得到。

彭月站起身，开了楼梯的灯，独自走下楼，把柜台上的那封信拿回了房间，信封是白的，一个字也没有。

她本想直接撕毁掉，但在嫉妒心和好奇心的作祟下，她决定留下这封信，或者说，她原本打算着自己先看完，再撕毁掉也来得及。介于从来没有做过这种偷看别人信件的缺德事，有点儿胆战心惊，她把房门反锁，然后颤颤悠悠地撕开了信封。

这居然，不是信，而是，一张乐谱。只有乐谱没有歌词，甚至没有歌名，落款也没有名字，只有短短一句话“看到你时，我脑海中就是这样的音乐”。彭月虽然不懂音乐，但看到这句话的时候，心里扑通一声，刚才只是觉得自己好失败，现在是觉得自己失败得体无完肤，居然被自己喜欢的男孩子写给情敌的话感动到了，世界上恐怕再没有人像自己这么窝囊了吧。

看了信之后，彭月不打算毁掉那封信了，而在看信的那一瞬间，她好像没有刚才那么讨厌那个叫唐典的小提琴少年了，他跟大林他们那种肤浅的只知道写肉麻情话的男生，还是有一点儿不一样的，不仅够浪漫，而且也没有那么粗鲁，连联系方式都没留下呢，挺诗意的。

这样一封信，即便女孩子感动得稀里哗啦，爱得死去活来，也不知道他是谁啊，也没有办法直接跟他取得联系，当然，她可以通过我，我家照相馆发票上有他的联系方式。他们挺配的，男才女貌，还都懂音乐，这样一封情书要是写给我，我当是看鬼画符，唉，他们挺适合在一起的。

等等！我在干什么啊！我居然在祝福我喜欢的男生和我一直不怎

么喜欢的女生，我在干什么，我难道要帮助他们吗？我脑子进水了吗？

烦，不想了，彭月把乐谱胡乱塞进了书包里，闷在被子里强迫自己睡觉了。

7

第二天，彭月无精打采地来到教室里。

大林被她这样子吓一跳，跟昨天神采飞扬的她判若两人，大林贱贱地问，怎么啦？昨天捡的钱今天丢了双倍的？

是啊，昨天捡的钱，今天丢了双倍的，彭月冷冷回答道。她觉得大林这句话简直就是一个恰当的比喻句啊，自己的处境不就是这样吗？不过不是今天丢的钱，是昨天晚上，不止双倍，自己也不知道多少倍，感觉像赌博一样，自己丢钱丢到倾家荡产了。

有心事啊？跟我讲讲呗？大林凑过来，一副不那么让人讨厌的样子。但是，彭月还是不想说，一五一十说出事情经过的话，感觉自己好丢脸，真的，每当自己回忆整个经过的时候，都为自己感到丢脸，更别说讲给别人听了，她保持沉默着。埋下了头，趴在课桌上。

低头的时候，她看到了自己的书包从课桌抽屉里露出了一截，这让她想到唐典写给沈琪琪的乐谱还在自己书包里躺着呢，要怎么处理这个乐谱好呢？可是，真的要把它处理掉吗？好想知道，这是怎样的一首曲子，虽然不是写给自己的，也好想知道，当唐典看见沈琪琪的那幅照片时，他脑子里是怎样的音乐，是不是像自己看见玻璃窗外的他一样，虽然自己那时候脑子里没有音乐，但那个感觉是很美好的。

彭月似乎想到了一点儿什么，扭头看向大林。大林也不是个一无是处的讨厌鬼，他虽然好动顽皮，成绩也不好，但是，他这小子，居然会弹钢琴，听说初中的时候就是十级水平了，虽然想到他弹钢琴的画面会很跳戏，会很不像他，但此时，他的钢琴特长似乎能派上用场。

大林，我给你看个谱子，你们弹钢琴的，看到谱子就能弹的吧？

彭月小心翼翼把谱子拿了出来。

这不是钢琴谱呀，这是小提琴谱啊！这小提琴和钢琴啊，音域不一样，谱号不一样，钢琴用大谱号，小提琴用高音谱号，小提琴有弓法，钢琴是双手指法……

停停停，别再说了，我一句都听不懂，直接说一句你弹不了不就行了嘛，跟背书似的叽里呱啦，文绉绉都不像你了，那咱们班，还有谁会拉小提琴啊？

咱班上好像没有了，你为什么不找沈琪琪啊，你跟她不是发小嘛，她拉得很好啊，她绝对是咱们学校拉小提琴拉得最好的，我就是在新年晚会上看见她拉小提琴时对她一见钟情的。

谁跟她发小，只是住在一条街，彼此妈妈玩得好罢了。说完，彭月又把头扭了回去，这个沈琪琪真是无孔不入呢，随便聊个天都能扯出她来，烦人。这幸好不在一个班，不然天天遇见，还让不让人活了。当然，也没办法跟她一个班，她成绩好，是尖子班，自己是普通班，这之间隔的，可是相当于银河系的距离。

8

这一周过得浑浑噩噩，好歹熬到了周末，可是，彭月对于周末也已经没有了期待，这天下午，不想再从玻璃窗里看到小提琴少年的她，在四点多便独自出门溜达了，怕母亲问起，还背上了书包，说去同学家交流功课。

书包里有乐谱，这张乐谱仿佛很重很重，让彭月走得很慢很慢，她想，要不就算了吧，反正也不是写给自己的曲子，可是，另一个自己又告诉她，好好奇呢，要不去琴行找卖小提琴的老板拉来听听？不行，也不认识人家，陌生人不一定会答应，花钱的话，又觉得俗了。

她低头走着走着，不知不觉就走到了沈琪琪的家门口，她家也是住在店里楼上的，离自己家店面不远，自己来她家店里买衣服会给很大优惠，她来自家照相馆也几乎不赚她什么钱，两家人关系还不错，唯独自己心里不太待见她，也许是自卑吧。

彭月顿了顿，打算回家了，此时，悠扬的琴声响起，虽然不懂音乐，但彭月还是能听出来，这是小提琴的琴声，而琴声真是从沈琪琪家发出来的，她好努力啊，刚放学就开始练琴了，自己以正常步速回家的话，这个时候正在看电视剧吧，所以自己比不上人家，也怨不得别人。

彭月没有迈动步子，她静静地听着，如果说，唐典看到沈琪琪的照片脑子里是一首曲子的话，此时的彭月，听到沈琪琪的小提琴声，闭上眼睛，脑海里是一幅画，是田野，是风，风吹麦浪。在这画卷气息的诗意的琴声中，彭月的自尊心嫉妒心悄悄地远去了，她竟然打开了书包，拿出了乐谱，径直往店里走去，走到了沈琪琪正在拉小提琴的二楼。

她没有打断琪琪，直到曲子结束了她才开口说话，她还是无法说出自己喜欢的少年爱慕着琪琪的事实，只是委婉地问，琪琪能不能拉这首曲子给她听。

琪琪倒也大方，没问什么，微笑着接过曲子，嘴里小声哼哼了几下，轻轻把谱子放在面前的谱架上，便开始了演奏。彭月闭上了眼睛，好像感觉到了有阳光，有花香，有白衣飘飘的少女，啊，那样的画面，不就是橱窗里的沈琪琪吗？

彭月好像感觉到了有什么不对劲，不远的地方好像多了一个声音，她睁开了眼睛，随着声音走向了窗户，朝楼下望去，楼下有一个人也在拉小提琴，拉的一样的曲子，那个人是唐典。彭月低头看了看表，五点零五分，好巧啊，他刚好从这里经过，这就是缘分吧？

9

彭月觉得自己在这样的琴声和鸣中显得很多余，多余得不知所措，她没有打断沈琪琪的演奏，直接下楼了，乐谱也没有带走，那本来就是属于琪琪的。

唐典依然在楼下，悠扬的琴声依然在继续，他闭着眼睛在演奏，没有看到经过的彭月，彭月对自己说，看到又怎样，在他的眼中，自己本来就是个隐形人啊。

等会儿，音乐结束，沈琪琪会从窗户里探出头吧，然后他们就认识了吧，然后两个般配又有缘的人就渐渐在一起了吧，真是一段佳话呢。彭月这样想着，眼泪在打转。

彭月回了家，没有吃晚饭，回到房间，锁上了门，一个人闷在被子里大声哭了起来，这种哭，无关于嫉妒和吃醋，只是单纯地想哭，这更像是一场单方面失恋的自我仪式。哭完，这件事就让它过去吧，还是要吃饭、看电视、对着帅哥犯花痴的啊，彭月告诉自己。

彭月没有再跟沈琪琪联系，她实在不想从她那里听到关于唐典的浪漫消息。

然后，生活渐渐恢复平常，每个周一到周日，都跟平常一样过，只是每周日的下午，彭月不再期待窗外那个身影了。人真的好奇怪的，当你不期待不去特意注意一个事物的时候，那个事物好像就不存在了一样，彭月再也没有透过玻璃窗看到过那个名叫唐典的小提琴少年。

大约过了一个月吧，甚至更久，她记不清了。爸爸在整理柜台的时候，说，这个叫唐典的客人，寸照拍了一直没有来取，已经很久了呢，他是不是忘记了，要不要打个电话去问一下？

爸爸什么都不知道，他不知道唐典就是那个看上了橱窗里的沈琪琪的少年，知道的话，就不会问了，因为他拍寸照就是为了打听琪琪啊，寸照自然可要可不要。

电话我来打吧，彭月说。说要忘记还是忘记不了的啊，看过了他的容颜，欣赏了他的琴声和笔迹，但他的声音，自己从来没听过呢，听完这个，也算是为自己卑微的小暗恋画上圆满句号吧，彭月告诉自己。

是个座机的号码，电话铃响的时候，每一声都仿佛听自己的心跳。接通了，是个中年女人，彭月说明了来意，对方是唐典的母亲，她说儿子出国留学一个多月了，不久自己全家也会移民出国，不会再回来了。寸照不用了，家里有很多，让店家自行处理，然后挂掉了电话。

出国了？就这样抛下琪琪不管了吗？彭月赶紧给沈琪琪家打去了电话，琪琪却说，唐典是谁？没有听过呢。就是那天跟你合奏小提琴的人啊！我没有看到是谁，演奏完，我走到窗边，楼下的人，已经走了，只有一个背影。

彭月挂掉了电话，她不打算把这个完整的故事讲给琪琪听，不是出于自私，而是出于感动，这种感动，让她必须把这个故事藏进心里。

10

彭月释怀了，自己没有爱错人，唐典是个很优秀又很善良的男孩儿，他知道自己马上要出国了，即便心仪的女孩儿近在眼前，他也不要去见这个面，不见面，就不存在离别，他用琴声寄托着爱慕，尽管对方全然不知。

往后的日子，彭月时常回忆起那个名叫唐典的小提琴少年，她还留着他的寸照，每看一次照片都好像看到他在照相馆外朝着她笑，想他的时候，彭月会去琪琪家听她演奏那首曲子，那首不属于她却只有她明白的曲子。

刺猬小姐你不要哭

我始终没看她，保持着得体的笑容，牵起姜井宸的手头也不回地离开。

他还是迟疑，不止一次回头看她，挥着手对她露出痞痞的笑容。

转出巷口那一瞬，我再也忍不住用余光偷瞄她，真的如小优所说，是大大咧咧不修边幅的女孩子。

可是，那一刻，我看见了她月牙般弯起的眼睛里越来越明显的泪意。

听见了吗，我喜欢你

蓝与冰

1

大二时的晚自习课，学习部放电影。男生们恶作剧似的开始放经典鬼片《咒怨》，等着班里女生们的惊恐和尖叫，可没想到却只等来了迟晓澜再也停不下来的眼泪。她的面前仿佛不是阴森恐怖的鬼片而是凄惨悲情的狗血韩剧，迟晓澜哭得无比伤心而真切，惊到男生们都羞愧地跑去关了电影来安慰她，不至于吓成这样吧。可当时，迟晓澜的脑袋里一片模糊，根本看不到听不到身边的一切，只看到心里压抑了好久的难过全都具象成涩涩的泪水，快要被源源不竭地涌上来的寂寞感溺死了，只听见心里的小人儿一遍遍在小声地问：为什么人会喜欢上另一个人呢？

其实她根本不害怕，她只是为片里的女主阴沉的伽椰子而难过罢了。默默地喜欢一个人数十年之久，因为他的一句话欢喜得像是得到了救赎，却无论如何也开不了口传达自己的那份心意，直到被那份过剩的感情折磨得满是怨念、失去了自己。迟晓澜在她身上看到了过去的自己，她看见高中的下课间自己缩在门后偷偷看着那个穿着雪白T恤的男生，看他牙齿咬合咬下一口苹果，便仿佛是日月星辰运转的齿轮都“咔嚓”一响，无边界的金色光芒霎时倾泻，她如同《小王子》里的狐狸，看见了麦子的颜色。那个会在下课间听着歌望向窗外出神的帅气剪影，属于陶然。

2

很久之前，迟晓澜并不知道喜欢一个人会是什么理由、什么心情，她在体育课叼着冰棒和同学八卦明星，在政治课上发呆犯瞌症，在数学课上笨笨地把黑板上的内容都抄下来，平实而安然，她觉得这样的生活也挺自在，直到遇见了陶然。

其实这么说有点儿不实在，她早就遇见过同班的陶然，只是在那天，他从眼前的过客无意间走进了她的心。

那是一场足球赛，班里的男生很争气地从十六个班里踢到了准决赛，班主任破例放了一下午的课让大家准备加油板、排练口号。班里的体委郑超凡是足球队长，上场比赛踢出了3比0的好成绩，在班里女生的加油呐喊声里膨胀成了一只气球，赛前不停向观众的方向挥手互动。迟晓澜在那时注意起陶然，他沉默地跟在队长身后，酷酷地只低头走自己的路，无视着大家的火热口号声。迟晓澜当时只是觉得那个人好臭屁啊，一会儿比赛前才看到，原来他的耳朵里一直塞着一副耳机，像是把自己分隔开在一个独立的小世界里。

可开赛时，陶然却像猛然上了发条，在绿茵场上犹如一头所向披靡的雄狮，气场十足。他的鞋子像是吸铁石，足球服帖地黏着他步步过人，一口气闪过了两名对手，潇洒地起脚射门后，足球稳稳地扑进了球网里，势大力沉，帅到全场先安静了一秒才开始疯狂地呐喊喝彩，连矜持的班花都兴奋地高喊了两声，完全抢了队长郑超凡的风头。陶然风轻云淡地擦了把汗，迟晓澜注意到来拥抱他的队友里没有郑超凡。

再接下来的比赛格局有些失控，迟晓澜能看出来，郑超凡为了表现自己，不按套路出牌，一次次地带球突击，妄图压下陶然的风头，结果却因为心急而一次次地失去了绝好的机会，反而因为中场空虚连失两球，出乎大部分人意料，他们1比2输给了对手。

人群四散而归，负责清理会场的迟晓澜开始收拾被丢弃的彩带纸板，忽然听见队长郑超凡很大声地骂了一句脏话，指着陶然说：“你这个吊死鬼抢什么风头，不是你扰乱我计划能输吗！”

这指责有点儿莫名其妙，迟晓澜好奇地回头想看陶然会怎么回答他，谁想到陶然阴冷着脸低着头，抬起头时眉紧紧地锁着，拳头一紧狠狠地挥向了郑超凡胸口。

那是迟晓澜第一次看见男生们打架，陶然平时就话不多，也没郑超凡人缘好，所以除了几个拉架的，班里的男生大多站在郑这边，让他看上去就让人想起“孤军奋战”这个词。陶然一个人倔强地站着，眼睛瞪得血红，迟晓澜下意识地想逃走，可陶然的表情却印在脑袋里让她不忍逃离。胆小的她还是躲远了点儿，深深灌了一口气，扯着嗓子喊了一声：“老师来了——”

3

而那之后迟晓澜才知道，比赛之前，郑超凡向他所暗恋的班花下了一个赌，如果这场比赛自己能进第一个球，就让他做她的男朋友，可美好的憧憬开场十分钟就被陶然戳破了，怪不得他当时会恼怒地乱了分寸。爱情真是一种会让人慌乱愚蠢的化学物质，迟晓澜在走廊上低头边走边想，路却被挡住了，一抬头正好迎上了陶然的脸。

说实话当时的陶然一点儿都不帅，前一天被打成了猪头的他嘴角还留着瘀青，眼神淡漠面无表情，耳朵里依旧插着耳机说：“不好意思，没看到你。”

仿佛高空坠物一般的猝不及防，迟晓澜看着他的脸整个人都傻住了，只有心跳越跳越大声。这一刹那的动念是她心头永恒的歌，她逃也似的转身跑走了，也从那时开始知道，自己变得不一样了。

当女生遇到一个自己喜欢的人时就会经历成长。当迟晓澜和女生们八卦时会有意无意地提到时陶然才知道，原来他在女生间人气也很高，那副酷酷拽拽的样子有着十足的小说范儿。迟晓澜就很安心，她知道自己和其他人不一样，不是单纯因为陶然的帅气外表而喜欢他，而是因为他在那时流露出的软弱却倔强的姿态，让她整颗心都变成了温柔的月光。那时的平安夜开始流行起送苹果，迟晓澜准备了一个没有包装纸却很好吃的普通苹果，偷偷放到了陶然的抽屉里。她想着要是他真的吃掉它的话，自己就勇敢地去接近他吧。

时间像从漫长的梦中醒来，她看到他拿起了那个外表普通的苹果，轻轻地送到了嘴边。

4

迟晓澜跟老师说自己远视看不清黑板，主动调到了倒数第二排，陶然的正前方。陶然不是差生，却也说不上优秀，他的成绩随心情而定，似一支最不稳定的股票，涨落完全无从预料，连老师都拿他没办法。迟晓澜看到他习惯把教科书高高地垒成一摞，而最上面一本夹着书签的，竟然是弗洛伊德。迟晓澜好奇地买回来看时，只翻了两页就困意萌生，她边打着哈欠边想，陶然真是个好特别的人啊。

迟晓澜听陶然说过，一沉浸在音乐里，他就不是这个世界的人了。陶然的耳机里总在放着高分贝的摇滚乐，倒是和他寡言的外表很不合，所以外人问他说话时一般都得说两遍，他才会爱理不理地摘下耳机，耷拉着眼皮“啊？”上一声。本来传言说班花喜欢他来着，可也因为陶然的冷清性子终究匿了声。陶然的死党挎着他的肩膀说：“你就作吧，再这么耍帅下去的话迟早会酷到没朋友的。”

可即使陶然一个朋友都没有，迟晓澜也坚定地知道自己绝对不会离开。她很珍惜自己换来的机会，每天下课都像上生物观察课一样回头看陶然的座位好久。她发现冷漠的陶然只是不爱说话，骨子里却还是一个文艺气息满载的人，课桌上总会夹杂着几本大块头的课外书，看书时还会露出很难得的微笑。学完《林黛玉进贾府》那一课时，他甚至把古装本的《红楼梦》带到了学校。迟晓澜好奇地问："何必看全本啊，直接看看简装的介绍不就好了。"陶然接着看书没有抬头，只是淡淡回了句："你觉得一头猪愿意以一根香肠的形象存在吗？"

他是在讽刺现在的快餐文化吗？迟晓澜眨眨眼睛："你好厉害啊，连比喻都这么特别。"陶然就有些害羞似的蹭蹭鼻子，她丝毫不掩饰自己对他的欣赏和赞扬，也许某天陶然回想到记忆中的自己时，可以抿着唇角微笑一次就够了吧。

他们开始有了些小小的交集，比如陶然翻了半天还是找不到课本时迟晓澜会默默地把自己的书递过去，而迟晓澜上课打盹时，感到背后被笔杆子捅了两下时也知道是陶然在提醒自己老班来查岗了。可也仅此而已，陶然像是神圣不可侵犯的神像，习惯和身边的人保持着若有若无的距离，礼貌性的低眉像是隔出了一道透明的墙，明明就在眼前，却无论如何也触碰不到。

5

迟晓澜费了好大力气才说服自己一定要在毕业之前向陶然表白一次。她计划了无数种可能的方式，一次次地告诉自己勇敢些，却又一次次地哽在喉咙里。在课上都不怎么发言回答问题的她，推敲过好久也不知道该怎么表达自己最完整的恋慕。直到在毕业的前一天，大家都去查看自己的考场，迟晓澜匆匆地赶回教室时，陶然真的在那里，他桌上高高的书本已被装进了书包，而他还是一如往日地沉默地望着窗外，被夕阳泼了一身金橙，背景好看得要命。迟晓澜用力地按住心口深吸了一口气，一字一句地说：

"陶然，我喜欢你，好久了。"

身边的空气仿佛瞬间被抽光。迟晓澜紧咬着嘴唇睫毛微微地颤，神啊，我只等这一个愿望一次回眸，愿奉上毕生的感情，请答应我吧。她像绞刑架上的犯人，等待着国王最后的审判。

可是，故事的男主人公只是慢动作回放一样地默默转回头，轻轻地摘下了耳机，眼神依旧涣散而迷茫，耳机里传来的高声摇滚，在这里都听得到。

哗啦，迟晓澜的世界猛然落下了漆黑的帷幕。

他没听到！她疯了一样转身就跑，不知道尽头在哪里也不知道为什么要跑，只有眼泪不受控地洗刷成了雨帘。怎么办怎么办，刚才要爆炸的心脏，时间都真空化的三秒钟，她已经把这辈子的勇气都用光了，怎么可能笑着再重复一遍啊。她还记得那个故事，王子中了一年只能说一个字的诅咒，等了十年王子才说出："我爱你公主，嫁给我好吗？"可公主只用一个字就让王子崩溃了："啥？"

这不是笑话，这是能让人难过到极致的最大的悲剧了。原来没法把喜欢的心意传达给对方，是一件这么让人悲伤的事啊。毕竟从来没有人喜欢过寂寞，他们只是害怕失望罢了。而这个太过沉重的失望，已经狠狠击溃了迟晓澜积攒了三年才存留起来的全部力量。她甚至可以肯定，以后再不会用这样久的时间酝酿那几个字，每个字都像烙印到心上，回想都会紧张，像恐龙穿越荒野般艰难。

6

随后而来的生活再简单不过，毕业升学，只是不见了那个憧憬的少年。迟晓澜有时还会想，会有机会再见一面吗，像是在等待那个连存在都不确定的戈多。

迟晓澜感觉自己就像那只可怜的女鬼一样，只从无望的感情中收获了心痛和绝望，她开始想为什么人会喜欢上另一个人呢？如果是像喜欢一件能给自己带来快乐享受的事物一样就好了，可是自己的喜欢明明只会让自己这样寂寞而难过。如果可以，迟晓澜一点儿也不想喜欢上他，她想找一个平凡、话多的少年，也不用被思念折磨得这么难过。可是从来没人给过她机会，第一次喜欢上一个人，就是那样遥远到连一句话都传不过去的存在。

又是一年的平安夜，她裹着风衣迷惘地漫步在街上，看着身边一对对幸福甜蜜的恋人，一遍遍幻想记忆中的少年重新出现在自己眼前，哪怕一眼就够了。连他的背影都谙熟于心不舍得忘记的自己，在人群中分辨出他来比任何一道题目都要简单。她眯着眼睛望着远方，那个身影好像陶然啊，不对，那真的是吧!

红尘滚滚的盛世街头，迟晓澜被瞬间击中，霎时，石破天惊，云垂海立。

陶然真的出现了。他穿着黑色的短鸭绒上衣和直筒牛仔，简单的穿着依旧将他装扮得精神而特别。迟晓澜看见他分开人流，从那个永远不会醒来的漫长梦境走到现实，从失去了缤纷颜色的黑白记忆走到了眼前，从永远可望而不可即的遥远之处走到了身边。陶然长高了些，鼻尖红红的，呵出的白气让他整个人像朦胧在梦里。他轻声说："迟晓澜，我来见你了。

"我习惯了随波逐流的，在高考失利后才知道要认真起来。我复读了一年，现在在邻省的大学里。虽然我不懂这算不算叫作喜欢，我只知道，我很想你，很想见到你，再和你说说话，所以我就来了。一年的努力没有白费，以后，我可以继续在你身边了。"

迟晓澜惊讶地顿住了，反应过来才紧紧抱住他，生怕美梦碎裂一样，如同饥寒的蛇蜷入农人温暖的怀抱。印象里自己为他流尽了眼泪，耗光了感情，丢失了自己，所以这一次，他真的来偿还了，一直以来那么辛苦的单恋终于收获了回应，终于可以隔着时间抱一下当年的自己了，还有比这更幸福的事吗?

她忍着眼里的泪小声说："谢谢你来找我，我真的太幸福了。"

"嗯，我才要谢谢你的那句喜欢，给了我'高四'复习时那么多的力量，终于找到了目标。我一直坚持着等到成功时再来找你，告诉你答案。"

迟晓澜松开，他惊讶地瞪大了眼睛："怎么可能?当时你在听着摇滚啊!"

陶然的微笑温柔得像是月光轻吻熟睡的脸："因为那是在两首歌之间，停留的三秒间。"

刺猬小姐你不要哭泣

蓝 普

1

回家路上，路过糕点屋时小优一把拽住我的衣角。

“怎么了？”我问。

她不理我，只一路把我拽到巷口：“竹生，你看，那不是井宸吗？”

我循着她手指的方向看过去，这个角度恰好看到姜井宸的刺猬头，他双手插进校裤里，一脸看似不耐烦的神情：“好了没，男人婆，挑个蛋糕也婆婆妈妈。”

短发女生挥拳捶在他的胸口，并不漂亮的眼睛闪着星光：“姜井宸，这个巧克力味的怎么样。”

“都好，你是寿星嘛。”他的声音难得温柔。

从我的角度恰好看见她微微红润的侧脸，这个微醺的黄昏，她的笑容说不出来的刺眼。

“竹生……”小优担心地看着我。

我笑笑，在他们提着蛋糕路过巷口时挥手叫住他。他闻声回过头来，眉眼温柔地弯起，方才痞气的笑容像是我的幻觉，“竹生。”他讪讪地唤我，见我始终不语，才耐心解释起来：“喏，今天是男人婆的生日，说好要一起过。”

“可马上就要高考了不是吗？”

“好好。”他双手夸张地举过头顶，“我保证，下不为例。”

我这才露出笑容：“那我们回去复习，我妈做了草莓布丁。”

“可……”

“安啦姜井宸，陪美人要紧，我没关系的。”短发女生一脸坦然地看着我，末了扬起脸吹了一记口哨。

我始终没看她，保持着得体的笑容，牵起姜井宸的手头也不回地离开。

他还是迟疑，不止一次回头看她，挥着手对她露出痞痞的笑容。

转出巷口那一瞬，我再也忍不住用余光偷瞄她，真的如小优所说，是大大咧咧不修边幅的女孩子。

可是，那一刻，我看见了她月牙般弯起的眼睛里越来越明显的泪意。

2

“听说是青梅竹马哦。”小优双手撑在我的课桌上，把叫陈栗男的女生的家庭地址，甚至身高体重也说了一遍后，最后皱眉总结。

我始终不说话，埋在厚厚的教辅书里。

“颜竹生！你到底有没有一点儿危机意识！”她跳起来，似乎有些生气了。

停下笔，我饶有兴致地打量她：“你怎么比我还激动？”

见她涨红了脸，我又道：“知道你关心我，可是，你觉得她会是我的威胁吗？”用手把玩着一缕发，我露出一个称得上妩媚的笑容。

小优干咳一声，无言以对，最后抚着额悻悻离去。

我重新埋进题海，密密麻麻而规整的公式像我一丝不苟的人生。

十五岁那年，我初遇姜井宸，时至今日，他依旧是我见过的，唯一能把脚踏车骑得像摩托车一样拉风的人。

我每天定点在巷口路过，那是上下学的必经之路，蔷薇和爬山虎爬满整面砖墙，我在夕阳和朝露的见证下，看他无数次风驰电掣路过我的生命，掀起我纯白的裙角。

那年仙剑刚刚火起来，我爱刘亦菲饰演的赵灵儿，学她的笑容和穿起白裙时的优雅美丽。很多男生夸我漂亮，我只是微笑，因为我心里清楚，我还没有做到最好，姜井宸他，一直没有把目光停驻在我的身上。

但我一直坚信我们之间会有故事，而这个故事的名字，叫爱情。

回过神来时，手机震动起来，是姜井宸，我刚刚写完最后一道习题，调整着最佳弧度的微笑，按下接听键。

“竹生，今天家里有事，放学后就不去你家了。”

“嗯。”我挂了电话，云淡风轻的笑容才从唇角一点点隐去。

夜里约小优去学校附近的KTV，我犒劳了自己一个很大的芥末蛋糕，在黑暗里吃得泪流满面。

“小优，你说，他是不是从来就没有在意过我？”

小优没说话，她盯着屏幕唱一首《最佳损友》——

即使相处到有过裂口/命运决定了以后再没法聚头/但说过去却那样厚/问我有没有/确实也没有一直躲避的借口/非什么大仇/为何旧知己在最后变不到老友

我没看到她眼底的泪水，只像个爱而不得的怨妇一样歇斯底里：“是这样吧，如果他在意我，又怎么会忘记我的生日。”

她终于开口说了今晚第一句话：“可是他记得陈栗男的生日。”她别过脸，“还有，竹生，不管当初你爱上他的初衷有多么不单纯，但现在，你真的已经爱上他了。”

一句话直戳我心底最幽深的伤口，我捂住眼，芥末在胃里往上反，我痛苦到干呕。

3

这个世上，每天都有很多人，为了一些奇怪的理由，爱上另一个人——对方长得好看，家世一流，或者，仅仅因为自身爱而不得的执念。

我一直没告诉小优，很早之前我就知道陈栗男，所以当她告诉我有关陈栗男的一切时，我才能表现得那样不动神色。

我调查了她很久，知道她每天会和我一样，在巷口用一种张望的姿态等待吹着口哨的姜井宸，唯一不同的是，她每次都可以等到他，然后露出和他一样的痞痞笑容，嬉笑打闹着去学校。

而我，就像一只潜伏在暗处的猫，静静打量着我的猎物，直至他们的背影消失在街角。

“你在自虐吗？”后来得知真相的小优瞪大眼睛问我。

我默了默，然后认真地对她说：“不，我一点儿也不难过。”

是，我怎会难过。陈栗男选择用这种方式伴他左右，那么从一开始，她就已经没有多少胜算，一个男孩儿或许会喜欢上爽朗的，能同自己称兄道弟的女生，但他们很难爱上她。

这个道理，我想陈栗男未必不懂，她傻就傻在这里，所以我从不担心她会对我构成威胁。

可是第二天，当在学校看到那叠照片时，我不得不承认，陈栗男不是一个简单的女生。

——早就让你提防着她，你偏不信。

那节是我最爱的数学课，可看到小优传过来的字条和照片，我一下子从座位上弹起来，顾不得周围诧异的目光，扔下一贯的矜持，拔足跑到了第三教学楼。

姜井宸也在上数学课，他坐最后一排，手枕在脑后，百无聊赖。

我保留了最后的理智，一直在后门等到他下课，这漫长的半小时让我冷静不少，所以当他用疑惑关切的眼神看着我时，我竟然什么也说不出了。

“你怎么了，竹生？”

不顾周围过往的师生，他那双因长期打架而显得粗糙的手轻轻拂过我的眼角，我蓦地想起他曾为我和一班的混混斗殴，住进医院的狼狈样子，这才发现，自己竟哭了。

“没什么。”双手勾住他的脖子，在他耳底轻声说。

那一刻，不知为何，我还想起了曾和我在同一条街道的两个转角，小心翼翼等待着心上人的陈栗男，她为了爱他，那样如履薄冰，她从他那里获取一个温暖的怀抱，也……也算不得什么吧。

我流着泪这样安慰自己。安慰自己说，要相信姜井宸。

4

“相信他？你怎么还能相信他？竹生，这些照片还能造假不成？”晚上在小优家里做作业时，她恨铁不成钢地对我说。

我刚从浴室里洗完澡，一只手拿着习题，一手擦干发上的水：“有什么办法，像你说的，我可能真的栽进去了。”

“颜竹生！”她扑过来抢走我的习题。

我趁势把头枕进她的怀里：“好啦小优，我答应你，一定一定不让自己受到伤害，好不好？”

她突然沉默了，只怔怔低头看我，半晌才道：“颜竹生，你真的很美，难怪……难怪他那么喜欢你。”

“哈，宝贝，你也很美。”我坏笑着对她说，“要是哪天姜井宸真的厌烦了我，咱俩凑合凑合得了！”

“滚蛋啦你……”

一番打闹后，整个夏夜归于沉寂。我看着小优熟睡的侧脸，也不知是否是我的错觉，方才她低眸看我的那一瞬，我从她的眼底，依稀看到了一丝落寞。

果不其然，第二天数学课结束后，数学老师便邀我到办公室喝茶。

小优和几个女生围在窗外。

——她平时不是挺会自命清高吗？这会儿怎么装得跟孙子似的。

——就是，瞧她那狐媚样……

——仗着自己成绩好，想逃课就逃课？真是报应……

女生们的话越说越难听，我撩了撩耳发，故作漫不经心地看过去。视线刚好对上发呆的小优，她看我一眼，这才慌忙把看热闹的人群挤散。

回到教室我一直沉默着，想到方才小优站在窗前发呆的样子，如果不是见我望着她，她会为我和那些女生讲理吗？

不。我摇摇头，小优是我在学校里唯一的朋友，只有她能轻易看穿我骄傲的外表下有多脆弱，只有她愿意不顾流言接近我，我现在这样揣度她又算什么？

“怎么，不说话了？”班里那个最强势的女生一直在我耳边喋喋不休，听小优说，上次送给我一篮玫瑰的男生就是她的男朋友。此刻她幸灾乐祸的表情显得格外恶心，我看她一眼，转身欲走。

“你这是什么眼神？你觉得自己很高贵是不是？”她一把扯住我，像个疯子一样不依不饶起来，“婊子！你和你妈一样，根本是个婊子。”

我回身就给了她一个耳光，声音因愤怒而显得颤抖：“听着，说我可以，不要扯上我妈！”

她愣愣地捂住脸，眼里像要喷出怒火：“贱货！你敢打我！”

5

“妈，今天我不回家了……嗯，在小优那儿。”

挂掉电话后才觉得脸上的伤口疼痛难忍，我躲在床角嘤嘤地哭，小优一面给自己的手臂上药，一面用冰块敷我青肿的眼角。

“今天不回去了？”

“嗯，她在酒吧唱歌已经被无知的人说得绘声绘色了，不想再让她担心。”默了默，我又道，“可是，那个疯女人怎么会知道我妈的事呢？”

“不想要你好过的人，总会千方百计去害你。”小优低着头，夕阳顺着窗棂泻在她的脸上，很美，很安静，看不出丝毫破绽。

我又在想什么呢？在心底轻声责备自己，我用额头抵住她的：“谢谢你，小优。”

她笑笑：“这件事，也不告诉姜井宸吗？”

听见这个名字，我愣了愣，因为我突然觉得，他遥远得仿佛来自另一个星球。

这世上所有恋爱的女孩儿，是不是都和我一样呢，想要见自己的爱人，一定要主动去找他，而他，忙于自己的篮球，和朋友之间的聚会，或者打架斗殴，只有在需要你、想起你的时候才会来找你。

——这般冷漠和疏离，真的叫爱情吗？

“不了，这样狼狈，只会让他更加瞧不起。”我笑道。

“……傻瓜。”我听见小优有些哽咽地说。

6

和姜井宸在一起后，我依然保留了在巷口静静等他出现的习惯，我知道，陈栗男也是。有时我们一起上学，她也会跟在身边，他们聊漫画和武侠小说，或NBA的某某球星，我站在一旁，手里拿着写好英语单词的小便签，像个局外人。

但我从不抱怨，只要他能给我一个温和的笑，不同于给陈栗男的那种痞痞的笑容，我就心满意足，在心里有些甜蜜地想象，他这样就是爱我的表现。

很久以后，当我终于发现，一个原本热情的男生，在你面前收敛了火焰，变得过于绅士和温和时，他可能是因为荷尔蒙的作用对你产生了异性的好感，但那绝不是爱。

我明白得太晚，所以才觉得爱如捕风，到头来，什么也都失去了。

转眼就是初冬，江城的冬天看不见雪，只有清晨时会被浓得像牛奶一样的大雾笼得密不透风。我在这样的天气里，雾里看花，度过了很多个自认为美丽的晨曦和晚霞。

直到高考前的第三天，我如常戴着手套帽子等在雾里。

我等了很久，最后等来的却不是姜井宸。

班里那个趾高气扬的女生，依偎在她男朋友的怀里，指着我，声音格外嗲气："喏，小志，就是她。"

男生蹙着眉走近几步，这才了然般露出猥琐的笑容："江中校花，颜竹生？"

我看见他身后陆续走来的小混混，联想到当初扔掉他一大簇玫瑰时冷硬的拒绝。

我知道自己会遭遇什么，绝望地四处张望时，在街头另一个转角，我看到一抹熟悉的背影，我猜想应该是陈栗男，可雾太大，我看不清。

7

很多人会把手机的紧急拨号设成对自己来说最重要的人，或父母，或爱人。

可于我而言，却是这辈子第一个主动找我说话，不管我是因不善言辞而表现出来的冷漠也好，还是因家庭原因从小把自己武装起来的尖锐也好，都愿意忍耐，愿意和我做朋友的杜小优。

后来，我问过她，为什么我已经向她发出求救讯号，到头来，还是晚了一步。

她抱着我，哭得像个孩子："对不起，竹生，那天我的确去找他了，可却是在陈栗男家找到他，他们搂搂抱抱的样子我真的看不下去，后来吵起来，居然，居然把正事给忘了……"

她说这番话时没看我的眼睛，可我选择相信她——这个世界并没有给予我多少温暖，所以哪怕是零星的粉末，我都会像救命稻草一样牢牢抓住。

我信任她，就像信任姜井宸。

8

我没有参加高考。因为据说，陈栗男和姜井宸也没有。

那天他们赶到时，我独自坐在那条从我十六岁起，就捧着我年少时的真心，默默等待的街道。

我从包里拿出所有化妆品，还有我过生日时他送我的，从来舍不得戴的四叶草发卡。

我给自己梳了最美丽的发髻，用最精致的妆容涂抹掉满脸狼藉。然后我一步步走到姜井宸的面前，扬起脸，笑着说，"对不起，我不想再等你了。"

后来，我总是梦到这一幕，我的笑容还是那样美丽自然——这多么让人庆幸，我始终没有丢失我的骄傲。

即使最后，我一无所有。

高考后的那段日子，我没有回家。我妈像疯了一样四处找我，说没考就没考呗，妈也是小学毕业，现在不照样活得好好的。

——丫头，妈想你，你别做傻事，回来，妈唱歌养你，啊？

小优每天送这样一封信到我租住的筒子楼。

那段时间，我在网上找了数份兼职，拼命凑钱，一面想着就此离开这座城市，一面又万般不舍。

我舍不得我妈，舍不得小优，更加舍不得……姜井宸。

这个名字变成锥子，在我心脏上凿出三个大小不一的窟窿，没流血，只是想起的时候会隐隐作痛。

小优不忍看我这般自我折磨，终于在分别半月后，带我去医院见到了姜井宸。

彼时，正值春天，我站在病房外，透过玻璃，看着一动不动，像沉睡的天使一样的陈栗男，她短短的寸头也剪了，脑袋上光秃秃的，春光打在上面，像一颗璀璨的宝石。

我在病房外久久徘徊，听小优回忆说，那天我走后，姜井宸和陈栗男集结了一帮兄弟去帮我出气。

这是他第二次为我打架，如果说第一次是为了满足男性的占有欲，那么这一次，算什么？后来我总这样问自己。

那场斗殴前所未有的惨烈，参与的人大多四肢骨折错位，最惨的是陈栗男，她替姜井宸挨了好几棍，据说送到医院时已经血肉模糊，她妈都不敢相信那是她的女儿。

听到这里，我忽然感到喉头酸涩。轻轻推开门，就看见姜井宸一脸憔悴地守在她床边，他下巴上全是胡须，正用他曾吻过我的唇紧紧贴在陈栗男的手上，眼睛里隐有泪意。

我揉了揉眼睛，终究不敢再停留哪怕一秒。

——那个活力四射，和我在街角年复一年等待的陈栗男，那个吹着口哨说“我没关系，陪美人要紧”的陈栗男，去哪儿了？

——那个不可一世，骑脚踏车比骑摩托车还要拉风，在我受委屈时，第一个站出来的姜井宸，又去了哪里？

我拉着小优跑出医院，姜井宸亦步亦趋地紧随其后，在长满爬山虎的街头，我终于回过身，对他说，“快回去吧，她还等着你。”

他默了一默，低头看着脚尖，“竹生，我想，我真的是喜欢上男人婆了。”

“……嗯。”

“她等了我这么多年，付出了这么多，我真的，不忍再负她。”

“嗯。”

“竹生，我……”

我挥手打断他：“在我没后悔之前，你走吧。”

他最后对我说：“对不起。”

我像个傻子一样站在原地，四月微凉的风把爬山虎吹成起伏的海浪，如果不是小优汗湿的手紧紧握着我的，我想，我的潇洒一定会被大风吹得四分五裂。

姜井宸，你为什么要对我说对不起呢？我没有受一点儿委屈，我才不要你的对不起。

我要的，只是你能在我笑得最灿烂的时候，看穿我心底的难过和不舍。我要的，只是你能停下决绝的步伐，听我轻轻问你一句：“姜井宸，我算什么呢？”

9

回家路上，我和小优一直沉默不语，我是望着她，忽然无言以对，她看着姜井宸离去的方向，只顾流泪。

我早该猜到，若不是真的爱着一个人，怎会千方百计地调查他身边的女生，怎会不顾一切地和他不惹人待见的女朋友成为知己？怎会把我妈的职业妄加揣测一番说给讨厌我的同学？又怎会这样步步为营，不择手段地离间我和姜井宸？

我越想越难过，在筒子楼下拥别时，终于忍不住问她：“那天在街角的，是你吗？”

我感觉到她身体的僵硬，过了好久，直到我的整个后颈都被她的眼泪打湿，她才轻轻地点了点头，说是。

那一刻，我并没有感到特别愤怒。我只是想到，那天在街角里，远远观望了我受到的侮辱，然后整个身体都不住战栗的女孩儿。

我不恨她，但终归有那么一点儿难过，难过我是真的把她当朋友，她却和所有人一样，只是换了一种方式，给了我更深的伤口。

10

兼职告一段落，我在房东那里拿回剩下的部分租金，终于决定开始一段全新的生活——我只有十八岁，人生最好的一段时光，何必为了不值得的感情萎靡不振。

去黔东南的绿皮车厢里，我给我妈写了一张明信片，大意是我会好好照顾自己，勿念。在镇远的一间邮局，我把这张明信片寄了出去，郑重得像是寄走我对这人世间最后一丝念想。

黔东南风光很美，就像书上说的，这是一片似是而非虚实难辨的土地，身临其境，会让你搞不清楚这是哪儿，和你旅行的人是谁，甚至忘掉自己，最后不愿再回到原来的世界去。

我每天游走在这座陌生的城池，以为自己忘了一切，包括杜小优，包括姜井宸和陈栗男，以及那个雾天里难以磨灭的耻辱。

其实哪里能忘呢？这些日子，我的脑子里一直孕育着一颗毒瘤，它让我在夜深人静时，想起姜井宸那双粗糙的手，想起小优那些打湿我后颈的泪水……

大抵，有些东西，真的不是你决意逃避，就可以忘得一干二净。

11 番外　杜小优

我是杜小优，如果在以前，有人问我，这世上，你最讨厌的人是谁，我会毫不犹豫地说，颜竹生。

那个女孩儿，拥有和她妈妈一样让人难以忽略的美貌，也和她妈妈一样，擅长用各种伎俩赢得男生的心。

我眼睁睁看着暗恋了三年的男生陷入她的温柔陷阱，那一刻，我真的好恨她，明明已经拥有所有女生都渴望的东西——美貌、智慧、爱情……却依旧天天板着一张脸，好像别人欠了她二五八万。

我想，如果不是因为姜井宸，我永远也不会跟她产生交集。

还记得主动跟她说话的那个午后，那天下了惊蛰后的第一场雨，空气湿湿的，她的衣服也湿湿的，因为白裙上被恶作剧的同学泼了红墨水，整节课她都躲在厕所里清洗衣服。

我站在门外，心里要多解气有多解气。直到她转过身，我看到了她眼里的泪水和几乎快咬出血的下唇。

那时候的她和平时完全不同，浑身湿透，狼狈极了，却依旧那么美，像一尾哭泣时连眼泪都会变成珍珠的人鱼。

我们就这样一动不动地看着对方，也不知过了多久，我拘谨地走向她，轻轻拍拍她的肩膀，说："别哭了。这样不好看。"

那天以后，我们开始慢慢成为所谓的朋友。

事后我想了很久也想不明白自己为何那样做，我想，大概她就是只妖精，拥有迷惑人心的魔力。

也是和颜竹生走近后我才发现，姜井宸身边有很多女孩儿，陈栗男就是其中之一，她们的爱同样热烈，我这种被他定义为"竹生的朋友"的女生，大概连备胎都算不上吧。

自卑和妒忌让我彻底扭曲。我讨厌这样的自己。讨厌在竹生的面前强颜欢笑，讨厌当她说起他和她之间的种种甜蜜时还必须像个朋友一样送上祝福。

我一直在等一个机会，等着看她像只丧家犬一样失去所有的自尊和骄傲。直到那年深秋，老天有眼，终于让这种惯于玩弄别人感情的女生得到惩罚。

老实说，颜竹生会把紧急拨号的名字设成我，这的确带给我很大的震撼，可她傻就傻在她对待一份感情的态度，开始会时刻警惕，处处武装自己，一旦尝到一点儿甜头，就会把整颗心都掏出去。

那个大雾天，我当然没有去找姜井宸，我只是站在街角对面，听着一向沉稳自持的她被一帮人殴打侮辱时发出骇人的哭喊。

一切都那样大快人心，除了那些不知从何而来的眼泪，它让我想起和她在一起的这三年，想起原本像只刺猬一样的她，毫不设防地和我在夜里相拥而眠。

我捂住嘴没出息地放声号啕，直到她的哭声越发微弱，直到我终于惊慌地给姜井宸打去电话，整个身体还是颤抖不止。

那晚在筒子楼告别后，我有三个月没有去找她。我把自己关在屋子里，想了很多——其实她有什么错呢，即便她拥有一切我爱而不得的东西，也和她无关，不是吗？

至于姜井宸，这个拥有太多真心而左右摇摆的男孩儿，他今天因陈栗男的付出抛弃竹生，以后，如果遇到更加疯狂的女孩儿，他是不是又会抛弃陈栗男呢？

我真的爱他吗，真的爱他到连失去竹生也在所不惜吗？

我一遍遍这样问自己，懊悔的眼泪被我一次次吞进肚子里。

2012年圣诞夜，我在安水街一路狂奔，跑掉了人字拖，跑散了头发，可我依然听到睡眼惺忪的房东阿姨告诉我，竹生走了，两个月以前。

我从阿姨那儿拿到备用钥匙，在简陋整洁的房间里坐了整夜，直到天空泛起鱼白肚，才在书桌上发现了一本有关旅行的书，上面每一个地名都被竹生耐心标红，我数了数，一共十八个。

翌日清晨，我简单打包了行李，从四川出发，目的地是最近的阿坝。

我想，我走过祖国大好河山，涉过万川，总有一天能够找到她，然后道一声最真挚的对不起，给我最亲爱的，失去刺的刺猬小姐，颜竹生。

你在我的青春悄然走失

倩倩猪

引　子

很多年以后，当常笑颜在上海市的某一个角落里翻开那本陈旧的日记本时，里面根本找不到关于一个叫孟文赫的只字片语。

只是，心里的疼痛仍旧排山倒海地涌来，她怎么也想不到，为了那个男孩儿的一个赌约，她以一种不为人知的方式背负了一生的思念。

你这种人啊，自生自灭吧

“这是什么鬼地方啊。”常笑颜拖着个偌大的行李箱徘徊在一条条长相相似的大街上，要不是老爸在暑假工作调动，她现在应该是戴着草帽在乡下小镇和大家在河边吃冰吧。

可现在，独自拖着行李站在深圳这个发展中的大都市里，看着繁华喧闹的大街，常笑颜却一脸沮丧，不禁想到那句：繁华散尽后的荒凉才是最彻底的荒凉。

她并不是悲观的女孩儿，只是身临其境必有其感，陌生的环境没有让她生出一丝好感。

“南街秋水路28号……”常笑颜在拐了N+1条街后站在一户门口总算是喜逐颜开了，认真地把字条上的几个大字和门牌上的字核对了一番，然后笑容僵在了脸上，“秋水路28号，没错。……可是，怎么会是北街呢？明明是朝南面走的啊。”

路痴常笑颜这下迷路了。

郁闷至极的人的智商可以忽略不计，她常笑颜也不过是一介凡夫俗子，难逃其理。所以在遇到自她出生以来的第一次盛大的斗殴时，她选择做一位观众。

在这条巷子的死角，只见七八个男生围住了一个穿黑色T恤的少年，少年脸上流露出镇定的表情。虽然嘴角还挂着殷红的血迹，却丝毫不影响他的英俊霸气，掩盖不住他的年少轻狂。像播放黑白电影的慢镜头一样，砖头无声地从后面击中了少年的头部，少年的脸部表情只是僵硬地停顿了数秒，然后缓缓地屈膝单腿跪下。

鲜红的血滴在了潮湿的地面，那群男生就此才肯罢休，慢慢地散去。常笑颜僵硬地转过身子，想自己是不是也该离开了？

“等一下……”少年有气无力地开了口，声音隐隐地透露出微弱的气息，却仍然用勉强的强硬口气说道，“……送我到南街春风路13号。”

常笑颜当时就想，嘿，你这个人求别人帮忙还不客气点儿，死了都没人管你的。加上本身她今天拖着个大箱子走错路就够郁闷的了，才懒得和这种小混混之类的不良少年扯上什么乱七八糟的关系，避免以后会发生不必要的麻烦，这叫有先见之明。虽然不得不承认的是，那个少年长得还真不像坏人。

可谁叫有句话叫人不可貌相呢。

于是那天，常笑颜眼睁睁地看着那个少年身负重伤却很没同情心地调头就走。末了，还留下一句：“你这种人啊，自生自灭吧。”

每一个音节都跳跃着愉悦的音符

呵！常笑颜事后想，自己当时多像个主宰世间万物的神一般高高在上，然后对着一个十恶不赦的罪人宣告最后的判决。

不过，谁叫又有人说过一句话叫人性本善呢。常笑颜那天并没有直接回深圳的那个新家，而是到了南街后转进了春风路驻足到13号。直到下午四点五十八分，那个少年才拖着满身是伤的身子疲惫地回来了。

少年抬眼看到常笑颜的时候，着实愣了一下，还未待他开口，常笑颜便笑盈盈地走了过来，"喏，这是外伤药，这是纱布、剪刀。记得，还有止痛约，我该回家了。"

所有的动作、语言、面部表情一气呵成，找不出一丝的尴尬气氛，仿佛这便是她应该做的。常笑颜扬着个灿烂的笑脸大步离开，还不忘抬起胳膊挥了挥以示一切安好，再见。

"帮我上药吧。"

五个字，一句话。很轻的声音，但是被常笑颜灵敏的耳朵捕捉到了，她止住脚步，破天荒地为了一个陌生的少年留了下来。

然而上药的时候，少年打架时的英勇模样便不复存在了。龇牙咧嘴，手舞足蹈，叫得那叫一个惊天地、泣鬼神啊。这时，常笑颜便会偷偷地加重手上的力道，"打架的时候怎么不见你叫啊？"

少年不屑的斜睨了她一眼，忍着痛说道："你见过哪个男生打架的时候叫痛啊？"

"那倒没有。"

"所以说……"

"那是因为……我第一次看男生打架。"

然后少年目瞪口呆地对上了常笑颜一脸无辜的表情。喜欢发生的时候，就像一不小心打碎了一瓶香水，开始时没有感觉，等你反应过来时，周围的香气已经无处不在了。

常笑颜就是在那个时候，撞上了少年清澈见底的瞳孔，倒映出她的不知所措，脸上泛起绯红，然后心虚地逃之夭夭了。

其实，常笑颜没有说的是，她丢下身负重伤的他离开时回过头，想想又忍不住折回去。但是她看到他已经垂下了头，以及大滴大滴砸在地上的泪，混合着血模糊了他的双眼。

一个男生，不到万不得已的时候，是不会轻易落泪的。那么他，一定是伤心了。

常笑颜从少年家逃似的跑出来后，虚脱的身子靠在了冰凉的墙壁上。她忍不住大口地喘气，手又轻轻地拍了拍胸脯，调整好急促的呼吸。又想到刚才那一幕，脸又唰地开始升温。

“孟文赫。”常笑颜轻念着他的名字，每一个音节都跳跃着愉悦的音符。

鸟语花香万物生

暑假结束后，常笑颜升了初三。

一直到高二，此后的三年，一个不长也不短的时间，却足以让她铭记一生。

和孟文赫熟识是在炎热的暑假时光，常笑颜目睹着他的种种劣迹，包括夜晚的吸烟、喝酒，白天的泡妞、打架，以及没事的时候如何去惹是生非。她骗老爸说暑假找了份家教工作，陪着他干着年少无知的疯狂事件。

陪伴的时光总显得珍贵，像鸟语花香万物生。

孟文赫曾带着常笑颜去了那个偏僻的郊区，坐着破旧的小巴，几个小时的路程，看野草重生，看日落西山，看海天相连。最后看到了那个新建的堤坝，孟文赫几个跨步便爬了上去，把手放在嘴巴边作喇叭状，对着常笑颜张了张嘴，“为什么你愿意这样一直陪着我？我只不过是个爱打架的问题少年，会把你带坏的。”

“不会啊。从第一次见你，我便知道你并不是真的坏，要知道，只有同类才会在一开始就嗅到对方身上的异样气息。我知道，你以前一定和我一样，是家长心目中的乖乖小孩儿。我不知道你遭遇了什么样的事会改变。但是我会一直相信你的。”常笑颜记得当时是这样回答他的，不想轻易知道关于他过去的整个故事。

孟文赫曾经是四川A市有钱人家的孩子，像现在的自己一样，在学习上总是排第一，是家长老师心目中的乖孩子。只是偶然的一次巧合，他无意中在老爸的手机信息中发现了老爸出轨的证明。于是他开始放弃自己，在最叛逆堕落的时候，遇到了夏亦雪，他第一个喜欢的女孩子。

回来的路上，孟文赫靠在常笑颜的肩膀上沉沉地睡了。她想，他可能已经很久没有这么安稳地睡过觉了吧。只是，关于夏亦雪的事情，他轻描淡写地一笔带过，她便不好再多问。

正式开学的第一天，清晨，鸟语花香，云淡风轻。

南街的终点车站，常笑颜嘴里咬着吸管喝着早餐奶，手上拎着一大袋手撕面包眼看着511公交车已经缓缓驶来，春风路的街头还没有半个人影出现。不禁急得直跺脚，嘴里还念念有词地埋怨着，“孟文赫，我告诉你。你要是在这班车开走之前赶不来的话，我就……我就……”

“你就怎么样？”天知道孟文赫那死小子从哪里冒出来的，抢走了常笑颜手里的手撕面包就一个箭步跳上了公交车，“猪头，以身相许吗？不上车的话车可是要开了哦。”

“等一下我啦，司机大叔。”常笑颜反应过来的时候车已经启动了，于是跑了几步冲上了车，直奔孟文赫的位置掐住了他的脖子，“孟文赫，还我手撕面包来，今天早上没你的早餐。还有，你以后要是再不正经，我就废了你。”

说最后一句话的时候，常笑颜不自觉的脸上加温，死命地嚼着抢回来的手撕面包以掩盖不正当情绪。

“哟。我们天下无敌、无人能敌的常大小姐也会脸红心虚心跳加快啊?！简直是我们七中的特大新闻哦。”孟文赫很不知死活地凑了上去，说完还用手挑逗着她的脸。

结局可想而知，我们亲爱的孟大主角被常笑颜小魔女一脚踹到了车尾面壁思过去了。直到车子停在了七中门口，常笑颜还是怒气未消地死瞪了后面的孟文赫一眼，然后下了车，孟文赫泪眼婆娑地尾随其后。

天涯的友情，海角的爱

第二节课后，课间二十分钟是早操时间，孟文赫没有去上操，待在教室安慰着情绪一直处于不稳定状态的常某人。不管他说什么，就是发毒誓，开空头支票，连死缠烂打都用上了，可是常某人好像就是不领情。

广播里的喊操音乐一结束，就传出了清甜的女声，“今天是开学的第一天，四川省A市里派了代表来我们学校做交换学习报告，大家今天一定要努力表现。……”

常笑颜转过头一脸担忧地看着孟文赫，孟文赫只是愣了一下，勉强地笑了笑，“没事的，不会是他的。”

“嗯。”常笑颜重重地点了点头，握紧了孟文赫的手，“会没事的，我相信你。”

“放学陪我去‘记忆’文个文身吧？我一直想要的，现在我已经变强了哦。”孟文赫摸着常笑颜的头揉乱了她的发，一脸的春光灿烂。

在“记忆”里文文身的时候，孟文赫遇见了闫誉息。明明都文好了那个他梦寐以求的蝙蝠，准备离开的时候冒出来一群小混混，他认得，是暑假的时候打过架的，看来今天是来寻仇的。

孟文赫把常笑颜护在了身后，低头轻声说了句：“我动手的时候你想办法离开，我没事的。”

那群小混混的头刚出手，未等孟文赫出拳，另外一个拳头便挡住了小混混的袭击，然后狠狠地回了一拳，留下了一个字，“滚。”

小混混的头一看来人，脸色突然变得苍白，双腿开始打战，“是，对不起对不起，不知道他是息哥的朋友。”

那一场看似会血腥弥漫的场面就此结束，被称为息哥的少年走过来拍了拍孟文赫的肩膀，“以后跟着我混吧。还记不记得你才来的时候，在北街巷子的那场打斗？”

“嗯？你是……”孟文赫努力回忆了那场初来乍到被群殴的战事，似乎对面前的少年还是没有什么印象。

“我便是那场群殴战斗的主谋。”少年很诚实地坦白了一切。

常笑颜一直想不通，那个叫闫誉息的家伙打了孟文赫，他倒好，和人家交起朋友了，还说这是男子汉的友情，你们小女生是不会懂的。

那个少年，有好看的眉眼，笑起来邪邪的，是个标准的坏小孩儿。但是他重情重意，在孟文赫的面前从没摆过老大的架子，他们是那种不需要用语言形容的朋友。这是常笑颜在此后看孟文赫打斗的时候，了解的关于闫誉息的事情。

之后过了很久，好像到了高二的下学期，常笑颜才知道，那天，来学校做交换学习报告的人真的是孟文赫的父亲。怪不得同学们一直在讨论，深圳和四川，天南地北的，八竿子打不到一起的地方，怎么会突然来人做交换学习报告呢？是他的父亲来看他了，希望他回去的。

可是孟文赫一直没有跟她提过这件事，直到高二结束的时候，他说，“我要回A市了。谢谢你这段时间的照顾。”

常笑颜突然觉得很想哭，可是却哭不出来。关于那个叫夏亦雪的女生，她很想亲眼去见见，到底是怎样的容貌可以让他为此而沦陷？到底是怎样的一群人，需要他马不停蹄地赶回去拯救？那所谓的爱情，所谓的兄弟情，她想去见识一下，以满足她小小的好奇心。或者只是想跟着他一起，即便是天涯海角，也心甘情愿。

你喜欢女生的模样

铁一中，A市的重点高中，几年前和铁中学合并，所以铁中学的大部分学生不看中考成绩直接进入。

八月的天气，正值盛夏，烦躁闷热。大多数高一高二学生都还在家里看电视睡懒觉或是赶着那成堆的暑假作业。

偏偏是高三，面临着高考。为了能保持着学校的名誉和一直以来的高升学率，学校决定八月十号开始正式补课。

孟文赫刚踏进高三（4）班的教室，便看到了常笑颜埋头做着笔记的认真模样，不禁失笑，她这又是何必呢？都高三了还大老远地转学过来，他以为她是说着玩的，可她终究是认真的。

“嘿，我们又见面了，不表示表示吗？”常笑颜听到脚步声后抬起头，望着孟文赫一脸笑容，天真无邪。

“也好，今天晚上带你去看看梵音酒吧，去见见我的兄弟。”孟文赫说着从背后像变魔术一样捧出了一盒早点，“这是我妈妈做的，要不要尝尝？”

教室外面陆续的来了很多人，高三的女生按理说应该是安静忙碌的，就像常笑颜那样。可是走廊上叽叽喳喳的声音给这个夏季涂鸦了一场不一样的色彩，她们在讨论：新转来的少年孟文赫和那个安静的少女常笑颜。

听说孟文赫以前也是铁中学的，追过那个小魔女夏亦雪；听说后来那个夏亦雪交了男朋友叫段瑞；听说正式开学后会转来一个美男组合，闫誉息和黑蝙蝠，不仅长相出众，打架更是天下无敌。不过，我觉得孟文赫都已经很帅了，比我天天看的漫画还漫画呢。

和在七中的时候一样，女生们的话题永远离不开美少年以及他们之间的感情纠葛。孟文赫不以为然地撇了撇嘴，对着常笑颜的头敲了一记，“看什么看，吃饭。”

“喂，是你太受欢迎好不好，关我什么事啊？”

在梵音酒吧见到夏亦雪的时候，常笑颜瞬间屏住了呼吸，不敢相信地张了张嘴，却什么都说不出来。用什么样的词来形容呢，好像只剩下妖艳。她化了浓妆，穿着那些所谓的奇装异服，被一个男生灌着酒，好像已经喝的酩酊大醉却还嚷嚷着，“我要去见黑蝙蝠，我知道，他一定是孟文赫。”

看着孟文赫走过去的时候，常笑颜只觉得全身都在颤抖，她不知道，他这一去是不是就是永远。她只是安静地看着眼前的一切，黑白镜头交替出现。

孟文赫一拳打了那个给夏亦雪灌酒的男生，接着就从酒吧后面出来了很多人，他们不停地打着孟文赫。孟文赫寡不敌众，倒了下去，怀里护着醉醺醺的夏亦雪。

常笑颜是被地上鲜红的印记给唤醒的，她拨了闫誉息的号码，脑袋终因承受不住周围的嘈杂声、打斗声、玻璃瓶以及什么东西破碎的声音而沉沉地睡了过去。

醒来的时候，常笑颜第一眼看到的是，医院的天花板。她不敢往旁边看，不敢去看孟文赫哀伤疲惫的眼神。

"你醒了。"孟文赫揉着红肿的眼睛坐直了身子，"你还好吧？是我对不起你，没有保护好你……"

"没有。我很好，只是累了。"常笑颜转了个身，背对着孟文赫，"你先回去吧，我想一个人静静。"

"希望你可以相信我，对于夏亦雪，我已经没有了喜欢。"孟文赫只留下了这么一句不明不白的话。

为什么跟她解释是不是还喜欢着夏亦雪？为什么匆忙地赶回A市？为什么不把话一次说清楚？还是，朋友的情谊终究敌不过他心里的某个坎。

所有深爱都是秘密

出院以后，常笑颜回了铁一中。这期间，她乖乖地复习课本，没有刻意去打听孟文赫的现状，她想，应该给彼此一段时间去理清自己的情绪。

只不过短短的三天，当常笑颜再次踏进学校的大门时，便看到了蜂拥挤在橱窗边的人群。常笑颜想，还是先回教室看看孟文赫在干吗，自从上次离开后直至她出院，他都没有再出现过。

"你们看，是夏亦雪哟。真不要脸，衣衫不整地从孟文赫家里出来，她不是段瑞的女朋友吗？这下闫誉息、孟文赫和那个段瑞之间可有好戏看了。还有孟文赫的爸爸，听说和夏亦雪的妈妈旧情复燃了。A市前所未有的战争开始了……"

不管打了多少遍电话，孟文赫的手机依旧是关机状态。常笑颜像疯了似的跑遍了A市的大街小巷，脑袋里不停地搜索着可能找到他的有关信息。

闫誉息，手机一样关机。对了，那个孟文赫在A市的朋友卜一。

电话那边，叫卜一的少年说：“文赫交代过我，你要是打电话来，叫我告诉你回深圳去。”

常笑颜说，“那我们见一面吧。”

梵音酒吧，卜一坐在一个角落的位置独自灌着啤酒。常笑颜深深地吸了口气，压抑着心中的冲动，平静地开了口，“可以完整地告诉我这个故事吗？”

“对不起，我能做的就只有这个。”卜一递过来一个蓝色的信封，放下了酒瓶离开了酒吧。

常笑颜忍住要掉下来的眼泪，拿信的手开始颤抖，打开了信，只有短短的一句话：常笑颜，对不起，还有我喜欢你。

偷偷地跟踪着卜一，常笑颜找到了孟家私人别墅，可对着那个高大的铁门却叫天不应，叫地不灵。早知道以前和孟文赫学两手的，现在也不会落到这个下场啊。哪有人都到了门口却进不去的道理嘛？不行，就是用爬的也得进去看看。

左瞅瞅，右瞄瞄。常笑颜看到一棵大槐树后灵光一闪，对了，爬树。

经过了数十次的上去再滑下这样的无规则的运动后，常笑颜好不容易爬了上去，左手支撑着一根看起来挺粗的树枝，右手摸了下脸上的疼痛位置，好像受伤了。

到底哪间房间才是孟文赫的呢？常笑颜干脆坐在了树上盯着那数十间窗户发呆，树下突然一个生气的声音吼道：“常笑颜，你怎么还没走？”

不用看都知道下面是孟文赫那个没心没肺没肝的家伙，只有他会把关心的话吼得让人感觉很窝心，但因为事发突然，常笑颜一个不小心从树上跌了下去，砸在了一个怀抱里。

怎么感觉怪怪的？

只见孟文赫坐在一张轮椅上，她坐在孟文赫腿上，然后孟文赫很没绅士风度地大叫一声，“啊！我的腿要断了。”她就一屁股弹了起来，目瞪口呆地看着他。

孟文赫别过头，掩盖着闪躲的眼神，“常笑颜，还记得我们一起去的那个堤坝吗？你说过相信我的，我们打赌玩个游戏好不好？”

“嗯。”

常笑颜离开后，已经是夕阳西下了，半边天被落日晕染上绯红的印记。

独自坐在树下孟文赫又想起五年前那张照片，空旷的田野上站着那个长发飘飘的女人，眼神里的笑意仿佛可以融化千年的冰山，没有母亲紧锁的眉头，那女人看起来朴素、和蔼。可是，雷鸣般的轰隆声击打着孟文赫的脑部神经，然后像电流一样贯穿于他的全身，为之一颤。

父亲有了外遇？！

于是，孟文赫费尽千辛万苦找齐了那个女人的资料，一个工厂的小职员，丈夫在婚后不到三年去世了，身边还有一女，名叫夏亦雪。

“咳……”身上传来揪心的疼痛，孟文赫脸色苍白，额头上冷汗直冒，泛白的手指紧紧地抓住轮椅的把手。难道真的就这样废了吗？

到底是不该如此冲动地去找那个女人，要不是她，自己怎么会落得如此下场？

后来各大媒体争相播报，A市领导孟哲恩和一工厂女职员私通后，设计发了一条短信，其目的是想让原配夫人提出离婚。可不巧，被年幼的孟家之子无意看到，于是上演了一场乖乖牌变坏的戏码，一个孩子的心灵就此被扭曲。孟家之子随之展开的是一系列的报复计划，其中包括揭露了父亲的贪污罪行。

半个月后，孟哲恩入狱，夏亦雪在母亲的葬礼上哭得死去活来，孟文赫坐在轮椅上接受法官的判决，因不满十八岁，杀人未遂，判在劳教所接受教导。

孟文赫坐在劳教所里，身上穿着蓝白相间的衣服，嘴角有一圈细微的胡子，眼神静静地看着窗外，想起夏妈妈最后说的话，我可以自杀，但请不要伤害我的女儿常笑颜，她这么多年都跟着她爸爸，我的错不应该由她来承担。

他没有来得及开口说的是，我对常笑颜是真心的，不是对你的报复，她是他想要去用生命保护的女孩儿。夏妈妈的死，自己的终生瘫痪，成了他和常笑颜之间一条无法逾越的鸿沟。

当天，孟文赫带了一帮子弟兄去找夏妈妈，杀红了眼似的对着那个可恶的女人咆哮，后来工厂来了很多大人，自己带去的兄弟们便直接动了手。夏妈妈那时一脸平静，说愿意以死谢罪，只求别伤害她的另一个女儿，然后从十二层楼坠下，孟文赫被工厂的人打成重伤。

后　记

深圳，七中。常笑颜在操场上转了一圈又一圈，然后抬头看着万里无云的天空，眼泪像坏了闸的大坝一样流个不停。

回了南街秋水路28号，收拾了行李尾随老爸离开了，去了一个离深圳和四川都很远的地方，上海。

车水马龙，上海的大街上突然有一个叫常笑颜的女孩儿蹲在地上哭得像个小孩子一般。

犹记得那年，那个叫孟文赫的少年说我们打赌玩个游戏好不好。这一赌，便赌上了她一生的幸福。他说，你先回深圳，一个星期后我保证处理完这边的事情去找你，从此，永不分离。

两个星期过去了，孟文赫像是人间蒸发了般，找不到关于他的任何消息，常笑颜后来去过他的家，家里只有他的母亲，双眼通红，告诉她说，小赫在几天前去世，大概是家族遗传的那个病造的孽，他爸爸也不在了。

常笑颜不可置信地看着孟母，一边安慰着她一边眼泪无声地滑落，那个轰轰烈烈闯入她生命里的男孩子居然从这个世界上消失了，你叫她如何去相信？

常笑颜转身离开孟家别墅，带着前所未有的悲伤一起远走他方，孟家大门的角落坐着一个人影，他看着常笑颜的背影流下了泪，冰冰凉凉的，他说："妈，谢谢你，这次请了一天假，明天还得回劳教所去，我先去睡了。"

再也等不到一个有故事的人

骊　坐

1

高二第一次月考后，老班安排阿暖坐到了我旁边。我抱着一摞书重重地放在桌子右侧，跟阿暖之间筑起一道厚厚的墙。阿暖可能以为我不太喜欢她，其实她不知道，我的桌洞里满满的都是花花绿绿的杂志，在我不确定她是敌是友的情况下，只能以这样的方式保全自己。

而对于她，我真的算不上讨厌或者喜欢，因为在此之前我跟她的交集几乎没有。我坐在第一排正中的位置，她的位置在最后一排靠近后门，体育课上我坐在一群女生中间谈天说地，而阿暖则在球场上跟男生一样挥汗如雨，每次考试后我永远站在红榜高处傲视群雄，而阿暖则在不起眼的角落里籍籍无名，我是让每个家长艳羡的“别人家的孩子”，而阿暖，如果不是我俩忽然之间做了同桌，我甚至都不记得她的全名其实叫“陈暖”。

自习课上我趁讲台上的老班不注意从桌洞里抽出一本杂志垫在英语课本下面，右胳膊撑着脑袋身子微微倾斜，做出一副认真学习的样子。那时候我爱慕高我们一届的学长，每天挖空心思地从形形色色的杂志上摘一些酸得掉渣的句子改编一下写到花花绿绿的信纸上送给他。

因为我成绩好，老师们对我上课偷看杂志的事情大都睁一只眼闭一只眼，是阿暖忽然抽出我藏在课本下面的杂志提高嗓音在安静的自习课上说："老师，沈依依看杂志！"老班才把我桌洞里的杂志全部收走。我看了一眼一旁的阿暖，她一脸安静，有一绺头发在额前打了个卷。

老班并没有对我怎么样，但我是真的开始讨厌阿暖了。虽然她依旧跟个没事儿人一样跟我打招呼，不会的题目问我，但我不仅不回应甚至都不会拿正眼看她。直到作文课上，她递过来一张小小的字条——"沈依依，请放下你的骄傲，我想我们能成为好朋友。"

我当然不领情，彼时，我因为足够出众，呼朋引伴，身边并不缺朋友，至少当时我是这么认为的。

2

上课不看杂志我会很无聊，老师总在讲台上叽叽喳喳重复那些我一听就会的知识点。我在作业本上一遍遍地写下"梁熠轩"三个字，它们密密麻麻地驻扎在白色的纸上，盛满了我的喜怒哀乐。

梁熠轩是我暗恋的学长，作为模范生的我跟其他人不同，不会将这昭之于众，只是把这种情感掩于深深浅浅的字句，在暗处滋生出一朵朵花来，这是我自己的秘密，却被阿暖发现了。

所以我和她之间的关系变得微妙起来。一方面我讨厌她，讨厌她的不合群，讨厌她的"假正义"，讨厌她体育课后衣服湿透的后背，甚至讨厌她有些自来卷的短发，总之，我看不惯她的一切。另一方面，我却又有些害怕她把我的秘密说出去。毕竟在这个人人自危的重点班里，能证明我们高中三年全部意义的只有高考这一件大事，谁如果在中途偏了一点儿轨，就会被认为是大逆不道的。

怀着矛盾纠结的心情度过了一个月，直到期中考试成绩公布，我考了令人大跌眼镜的班级第十一名，作为从高一以来历次考试从未跌出过年级前五名的学生来说，这个结果对我来说足以称得上噩耗，有如一记闷棍打在了所有老师心头上。

几乎一夜之间关于我早恋的传闻便传开了。造成我成绩像坐滑梯一般一落千丈的，大家默契地认为一定是早恋。老班像着了魔一般，把平日里跟我有较多接触的男生拷问一个遍，最终依旧一无所获。阿暖依旧每天默然地坐在我身边，安静地听课、做笔记，放学的时候背着一只大大的、松松垮垮的运动双肩包安安静静走过我身边。

她从没像别人那样对我早恋的传闻表现出极大的热情，但我却从心底认定谣言一定是她散布出去的。因为除了她，再没有人知道，我从那些花花绿绿的杂志上抄下来的字句，去了哪里。

虽然我并没早恋，我却真的曾用心写过十一封信，装进颜色不同的信封，投递到那个绿色油漆有些斑驳的邮筒里，我曾想等写完第十二封，我就让收信的男生知道我是谁。

如前面提到的那样，就在我酝酿第十二封信的时候，阿暖向老班举报了我课上看杂志的事情。

期中考试的失利让我成为全体老师眼中的重点关照对象。而更让我接受不了的是，梁熠轩跟别的女生在一起了，那个女生是隔壁班的樊小夏，这让我莫名觉得很受伤。就好像是原本觉得应该属于自己的东西被别人拿走了一样，虽然梁熠轩并不知道我是那个偷偷写信给他的人。

3

我开始课上很认真地听讲，课下把自己埋进书山题海里，甚至中午能放弃午休的时间在教室里啃着面包解数学题。教室空无一人的时候，墙上钟表“嘀嗒嘀嗒”的声音像是时光在催我赶路。

沈依依，不能输，不能哭。

英语课上我又在出神，阿暖拿笔戳戳我，从地上捡起我的作业本。作业本上是一大片显眼的“梁熠轩”三个字，像是心底深处的秘密被人窥探到一般，我不安地把作业本塞到桌洞里。

我终于在下一次考试中证明了自己的实力，贴出的光荣榜上我再次回到最高处傲视群雄。下课的时候老班把我叫到办公室，说学校要推荐“省级优秀学生”候选人的消息，一旦能被评为“省级优秀学生”，高考将会有二十分的加分，对于为高考忙得焦头烂额的我们来说，是个不大不小的诱惑。“依依，原本你是最合适的人选，一直以来你各方面都很优秀，但你这次期中考试的成绩非常糟糕，所以我们决定在你和樊小夏之间再权衡一下。”

从办公室走出来，心里五味杂陈，期中考试的失利就像一枚难看的伤疤盘踞在我心头。“沈依依，你有心事吗？”看我蹙眉不展的样子，阿暖在一旁小心地问。我并不理她，有时候我是有些小心眼的人，上次她举报我上课看杂志的事情还让我耿耿于怀。

阿暖于我原本便不是一个醒目的存在，只不过她偶然坐到我身边，我们才有交集，所以我并不打算跟她做掏心掏肺的朋友。

只是一封莫名的匿名信再次将我的生活搅得一团糟。有人写信举报樊小夏早恋，所以，“省级优秀学生”候选人的名额理所当然地落到了我头上。我仍记得樊小夏怒气冲冲找到我时的情形：“沈依依，你这个小人！背地里耍阴招！”她把那封信重重地摔到我脸上。我捡起信，看了一眼，扔进了一旁的垃圾箱。樊小夏依旧不依不饶，我默不作声地走开。

关于我举报樊小夏早恋的传言四起，一时间我好像成了那种为了自己利益不择手段的人。面对背后七嘴八舌的声音，我并不屑于去辩解。直到梁熠轩找到我。

那天晚自习之前，我不想去挤食堂浪费时间，便坐在教室里啃面包做数学题。梁熠轩出现在我们班门口，“沈依依，麻烦出来一下。”

那是我跟梁熠轩第一次面对面的接触，跟我之前预想的全部情节都不一样。还没等我说话，他便劈头盖脸恶狠狠地丢给我一堆话：“沈依依，我请你不要伤害小夏，她是个好姑娘。我们从小一块儿长大，我不准任何人伤害她。”委屈变成泪水从眼角滚出，我咬紧嘴唇，良久挤出一句话：“信不是我写的。”

梁熠轩一记重拳打在墙上，我看到他泛白的手指关节。那一刻我心底的情绪翻江倒海，心底一个浪头打过来就能将我沉没。

“沈依依，你没有喜欢过一个人吗？你应该知道那种感受吧，看着自己喜欢的人难受，那种滋味不好受。”

我心里像是被掏空了一般，望着眼前这个留着清爽板寸头的大男孩儿，我怎么会不清楚这种感受呢。我闭上眼都能勾勒出他好看的肩线，知道他笑起来左侧嘴角会有一个浅浅的酒窝，知道他喜欢蓝色系和黑色系的衣服，最爱穿匡威的帆布鞋，每周一晚自习前他会去操场上打一会儿篮球再大汗淋漓地跑去食堂吃饭，永远坐在食堂二楼楼梯处的位置……

他曾是我暗处的阳光。“对不起，我不懂那种感受，不过我真的没有做过什么。”吸溜下鼻子，我拨开了杵在我眼前的梁熠轩，进了教室。

4

匿名信风波最终归于平静，虽然我依旧被很多人认为是最大的嫌疑人。樊小夏见了我依旧没有好脸色。

高二上学期快结束的时候，我接到了被评为“省级优秀学生”的通知。身边各种祝贺的声音不绝于耳，却没有最想听到的那个人。

寒假的时候阿暖忽然约我一起吃饭，原本不想赴约，但她发来短信说自己可能要转学了。

那是我第一次跟阿暖如此近距离地接触，虽然她一直坐在我身边。

“沈依依，恭喜你。”即便是说祝贺的话，阿暖的脸上也平静得没有表情，“我知道举报樊小夏的匿名信不是你写的。”

“为什么肯相信我？”

“因为信是我写的。”她一脸云淡风轻。

“为什么要这么做？不要以为这样我就会拿你当朋友！”我情绪也有些激动。

“我只是觉得你比樊小夏更应该得到而已，而且，对于我看不惯的事情，我一定会说出来。”

那顿饭最终不欢而散，即便阿暖间接地帮我争取到“省级优秀学生”的称号，但我心里却像失去了什么一样低落。

开学后我没再见过阿暖，她真的转学了。阿暖写匿名信的消息不胫而走。有人说阿暖跟梁熠轩、樊小夏一块儿长大，看到他俩最终在一起心有不甘。有人说阿暖因为我而去举报樊小夏。毕竟阿暖为什么去做举报樊小夏这件得罪人又得不到好处的事儿，让大家疑惑连连。

阿暖带着她心底的秘密消失了。

我想，也许她做这件事的初衷没有那么多细枝末节的东西，就好像当初她一心想跟我做朋友却站出来举报我课上看杂志这件事一样。

也许，她只是跟我们很多人不一样，不懂得隐忍，做不到视而不见，对于那些看不惯的事情，一定要说出来。

我再没遇见过阿暖，但后来在很多言不由衷的时刻，我却总是想起她。

时光不过半笼月

我又梦见了顾婉兮，梦见妈妈带着我们在桂花树下乘凉，还给我们讲故事，她讲的是小王子和玫瑰花的故事。顾婉兮问玫瑰花会变成公主吗，妈妈笑着说玫瑰花不会变成公主，但是小王子依旧会跟它在一起。顾婉兮笑了，我也笑了。

然后我就醒了，透过窗，我看见月色很好，照得整个病房一片明亮。低低的抽泣声在耳边不停回荡，妈妈伏在我的床头，我感觉到了她的恐惧。

谁也不要告诉艾米丽

一路开花

1

艾米丽懒得搭理裘珊珊，她这几天牙疼得厉害，动不动就拿块小镜子照她的牙齿。裘珊珊在一旁幸灾乐祸，“哇，你成天这么折腾，你说你会不会长出两颗好长的牙齿，然后变成吸血鬼呢？真期待！”

艾米丽气坏了，“死丫头，小心我淬你一脸狗屎！”刚说完，艾米丽就笑了，好像这句话真正骂到的人不是裘珊珊，而是她自己。

裘珊珊见艾米丽生气，赶紧圆场，“好啦，好啦，不生气了哈，如果你真变吸血鬼了，那我就算饿肚子也会第一时间请你去看《暮光之城5》的，到时候真吸血鬼看假吸血鬼们演戏，多有意思！”

英语课上，艾米丽一直觉得牙齿不舒服。掏出小镜子偷偷一照，呀，都出血了。没办法，正上课呢，只好含在嘴里，等下课再说吧。

二十分钟后，艾米丽实在觉得难受，只好动动嘴巴来缓解压力。

就在这时，脾气暴躁的英语老师唰地一下从讲台上冲了过来，眼睛恶狠狠地瞪着艾米丽说：“吐出来！”

那段时间，不知是谁带的风潮，班里上课嚼口香糖的人特别多。英语老师为整顿这个风气，还专门想出了一个馊点子，那就是让人家把口香糖吐到她手里，然后她又揉到别人头发里去。正因如此，班里的短发女孩儿和板寸男孩儿忽然多了好几个。

艾米丽愣住了，她想说话，说不出来。

英语老师是个暴躁脾气，看她死活不动，彻底怒了，“叫你吐出来你听到没有？再不吐出来，我就给你爸爸打电话！”

英语老师红脸叫嚣着，左手摊在艾米丽的嘴下，右手从裤兜里掏电话。

艾米丽兴许是吓坏了，哇的一声，终于把那口憋了足有半堂课的血水吐了出来。

整个教室瞬间安静。几秒钟后，英语老师被一群男生抬去医务室了。

事实证明，英语老师确实晕血。

2

第二天，艾米丽被英语老师吓吐血的事情，在整个校园里传得沸沸扬扬。有人传英语老师是个暴力狂，打了艾米丽好几拳；有人传艾米丽因失恋，想到伤心事，难过到吐血……五花八门，什么版本都有，更有一些看玄幻小说看到脑子抽风的人说，艾米丽其实就是一个穿越过来的吸血鬼。

艾米丽彻底疯了。裘珊珊说：“没绯闻的名人，不算名人。艾米丽，别难过，再怎么说，你这也算是一战成名吧？你看我们，想成名还成不了呢。”

艾米丽没闲工夫跟裘珊珊侃大山。她脑子里正在想怎么跟隔壁的篮球王子石一航解释这件事情。

艾米丽喜欢石一航，这是裘珊珊早就知道的事。因为起初艾米丽写给石一航的交友信，就是裘珊珊给送去的。

裘珊珊和石一航算是发小，住在同一个大杂院里。交友成功之后，裘珊珊、石一航和艾米丽三人，天天一同骑着自行车回家。

傻子都能看出艾米丽的心思。她回家的方向跟去大杂院的路南辕北辙，但她从不抱怨，总是先跟他们俩一块儿骑到大杂院，然后再从大杂院飞奔回家。

但自从吐血事件发生之后，石一航就开始单飞了。不是下课跑着去单车棚推车先闪，就是拖拖拉拉支支吾吾不肯走。一会儿说要练篮球，一会儿说要补习外语的。为这事，艾米丽真是烦死了。

艾米丽成红人了。走到哪儿，都有人指指点点。加上石一航也算是学校里小有名气的人物，所以，难免招来很多风言风语。

有人说，是石一航移情别恋，导致艾米丽吐血；还有人说，是跟韩国电影一样的，艾米丽得了绝症，不想拖累石一航，才主动提出的分手。

3

那几天，刚巧《暮光之城4》在北京上映。

艾米丽左借右凑买了两张票，让裘珊珊帮忙送一张给石一航。

“他接了票没？”艾米丽满脸期待。

“接了，接了，你这个没良心的，怎么不多买一张给我呢？”裘珊珊红着小脸发脾气，大骂艾米丽重色轻友。

“好啦好啦，你又不是不知道我的经济状况，能买两张都算是逆天了。先记着吧，等我以后有钱了，请你看《暮光之城5》不是更好？”

“嗯，死丫头，记得你承诺过的事儿。”

“那他会来吧？”艾米丽还是有点儿不放心。

“应该会来，到时候你打扮打扮，好好跟他解释解释，我估计最近他听到的风言风语也不少。”

就这样，周六晚上，艾米丽穿着那件很少露面的粉色连衣裙，在影院门口从开场等到了散场。是的，石一航一直没来。

艾米丽在灯光刺眼的高架桥上疯狂地蹬着单车，她手里一直攥着那张没有被工作人员检查过的电影票。大风呼啸，星涌月明，艾米丽一直没哭，她告诉自己，不能这么没出息。

回家之后，她刚把房门关上，就接到了裘珊珊的电话。于是，那些挣扎了一夜的眼泪顷刻噼啪滚落。那是她第一次感觉到友谊的温暖和厚重。

艾米丽把那张电影票撕碎，放在厚厚的日记本里，她决定，要把这些秘密和往事都一并搁到黑暗的角落里去。

4

裘珊珊的包忘记在篮球场了，她打了电话，让艾米丽顺路给带过来。

艾米丽想，这死丫头，包里肯定有好吃的。

艾米丽打开包，翻来翻去，只看到一封淡粉色的叠成心形的信。艾米丽暗笑："还有人追这死丫头？奇怪了。还是说，这死丫头有喜欢的人了，一直不敢把信送出去？这可不行，作为好姐妹，我一定要把这封信送出去……"

艾米丽越想越来劲，她觉得自己将要帮裘珊珊了却一桩大事，心里乐得不行。

"珊珊，我喜欢你。我不明白，那么优秀的你，为什么成天和成绩倒数的艾米丽混在一起。你知道的，我为什么不喜欢艾米丽，就是因为她成绩差，还不上进。珊珊，如果你愿意和我做朋友，那放学后你就来篮球场等我。如果你不愿意，没关系，我们仍然还是好哥们儿。"

没有署名，没有落款，但艾米丽却一眼就能看出这是石一航的字。

人很多，她告诉自己不能哭。她仰起头，看着瓦蓝的天，努力不让眼泪流出来。

她坐在开满雏菊的花坛边，小心翼翼地把信折成原来的样子。一颗粉嫩的心。

5

“石一航，我跟你说，艾米丽已经看过那封信了。”裘珊珊在大杂院边洗衣服，边跟石一航闲谈。

“你怎么知道？”石一航满脸疑惑。

“蠢货，我在信里包了一根短短的头发。可艾米丽送包给我之后，信里那小根头发却不见了。这不明摆着艾米丽已经打开过了吗？”

没人注意到艾米丽的改变。她只是扎了马尾，换了个更大的书包。

艾米丽被调到五组去了，一下子，便和裘珊珊隔得好远好远。有人说，是她主动向班主任提出要求的。

这些都不重要了，反正艾米丽再也没有和裘珊珊同路过。她找了很多借口来搪塞裘珊珊，这些借口像是之前就背好一样，流利而又自然。

艾米丽开始学着做课堂笔记，开始学着背诵单词，开始学着争分夺秒，把题海当乐趣。每当她累了，想要放弃，眼前总会浮出那封信的内容。于是，隐隐作痛的心又给了她无穷的力量。

艾米丽不想再跟石一航有任何瓜葛，她只是想要证明，自己并非朽木。年少时的喜欢，就是这样，说不定，下一秒就会从喜欢变成厌恨。

当然，她还是会想起裘珊珊。偶尔在教室的过道里撞见，她还是忍不住笑笑。那么多美好而又荒唐的时光，她怎能忘却？

半年后，所有人都被惊到了。艾米丽从倒数第三，一下子爬到了正数第九。

裘珊珊仍然稳坐一把交椅，毫无悬念。只是，比起艾米丽，似乎后者更能让人看到希望和惊喜。

艾米丽一下就成了所有差生的正面偶像。学校让她写学习心得，班主任让她谈改变的原因和改变后的理想。

漫长而又煎熬的付出终于在现实的光芒里得到了诠释和补偿。艾米丽从来没觉得那么充实过。

6

新学期班长竞选，艾米丽主动上台演说。为这次演讲，她准备了整整一个暑假。看演讲书，看演讲视频，写演讲稿，背稿子，然后对着镜子不停练习。

艾米丽激情澎湃的演说感染了在场的每一个人。

最后，她和老班长裘珊珊成了最终候选人。

一个是年年第一，工作出色的老班长，一个是改头换面，突飞猛进的新希望。到底该投票给谁呢？班里的人开始叽叽喳喳，讨论个不停。

“不用讨论，也不要带任何感情色彩。大家心里想要选谁，就把她的名字写在选票上，两分钟后我会当众统计，绝不徇私。”

“裘珊珊，一票……艾米丽，一票……”

班主任每念一张选票，都会把票举高让同学们看，以示公正。

最后，事情僵持住了。全班六十一人，只有六十张选票，而裘珊珊和艾米丽，刚好每人三十票。

众人一片哗然。到底是谁没投票呢？

就在众人决定重投的前一秒，学习委员张英站了起来：“老师，不好意思，我的选票漏了……”

这张选票使在场的每一个人都秉住了呼吸。

三秒后，班主任念出了选票上的名字：“艾米丽！祝贺你！”

接着，教室里响起了雷鸣般的掌声。

周末的篮球场上，石一航大汗淋漓地调侃裘珊珊："哥们儿，你怎么就落选了？你得告诉我实情。"

"好啦好啦，告诉你，告诉你，都快被你烦死了。那天不是我去收选票嘛。我一边收一边数，发现我刚好三十一票。我知道事情不妙，于是就在转身上讲台的时候，把最底下的那张写有我名字的选票给攥在手心里拿走了。当然，学习委员张英最后投给艾米丽的那票，也是我搞的鬼。张英和我关系多好啊，哈哈，让她帮这个小忙，她肯定义不容辞。再说了，也只有她学习委员的身份，才足以让人信服，是不？"裘珊珊吊儿郎当地晃着大脑袋。

"那，情书的事情怎么办？要不要告诉艾米丽，这只是一个局？"

"去死，你要敢现在告诉她，那我以后铁定跟你绝交！当初都说好了，只有毕业了，才能告诉她！现在你就想违约？也不想想，当初让你写这封破信，你对我提了多少要求？又是让我给你买新篮球，又是让我给你补习的，我容易吗我……再说了，你以为这死丫头跑得了？她答应过的，等《暮光之城5》上映，要带我去看的！"

"好好好，那咱们就说定了哈，毕业之前，谁也不要告诉艾米丽！"说完这句，石一航稳稳地抛出了篮球。

"咣！"好一个完美的三分篮。

时光不过半笼月

云　辞

美国是哪个星球

八月的时候，月色会透过我窗前那棵桂花树凝在院子里，桂花的醇香引得我思绪乱飞，忍不住打开了窗，一双透亮的眼睛正无邪地望着我。

小瞳踮起脚递了一把桂花过来，我接过桂花冲她笑。我说，小瞳，你的眼睛真好看。她又眨巴眨巴眼睛，有些不好意思地低头，真的吗?

"真的，就像天上的星星。"我说着从窗台翻了出来，陪小瞳坐在桂花树下。

桂花的清香依旧飘来，气氛却似乎有些沉闷。我靠着树干半眯着眼睛，迷迷糊糊中听见小瞳说，"阿清姐姐，我想我妈妈了。"

然后我就思念起了顾婉兮。想起她盈盈地对我笑，像桂花树笼罩一半的月光，柔软纯净。

七岁的时候，顾婉兮带我去偷人家的樱桃，爬上树后，她上蹿下跳，整棵树似乎都在摇动。待她蹿遍了整个樱桃树跳下去后，终于发现我站在树干上，左脚不住地抽筋。

任凭她怎么鼓励，我都紧紧抓住树干不敢往下跳。她有些恨铁不成钢地围着树干转圈儿，忽然双眼发亮，大叫一声，啊，妈妈来了。

我吓得一下松了手，整个人就从树上栽了下来。

当然，我妈妈并没有来，等到她来的时候，我已经龇牙咧嘴地躺在地上乱叫了。我被罚站在桂花树下，妈妈拿着棍子满院子追着顾婉兮跑。

我记得她边跑边回头看着我笑，她问我，阿清，腿还疼吗？

“阿清姐姐，你睡着了吗？”

我猛然睁开眼睛，小瞳还靠着我坐在桂花树下，我摸摸她的头，问她怎么了。她想了想，问我，你有特别想念的人吗？

我想起刚刚的梦，揉了揉脑袋，说：“有啊，她是我的姐姐，她叫顾婉兮。”

“那你们怎么不在一起呢？”小瞳有些疑惑地仰起头。

“她啊……”我捡起地上的桂花嗅了嗅，才回答，“她去美国了。”

小瞳定定地看着我，若有所思，过了好一会儿，似乎终于忍不住了，轻轻扯了我的袖口问：“美国，是哪个星球？”

“美国……”我想了半天，也不知道该怎么解释美国这个“星球”，于是瞎扯道：“美国就是离我们很远的那个星球。”

“那你说，我妈妈会不会也去了美国？”小瞳的声音有些低了，似乎还带着些委屈，她说，我好想抱着我妈妈睡觉。

“也许在吧，说不定她还碰见了我姐姐呢。”我拍了拍小瞳的背，生怕她又想妈妈。她沉默了半晌，我觉得又是一阵疲惫袭来，昏昏沉沉的。

一个清亮的声音却突然又响起：“阿清姐姐，坐轮船是不是可以去美国啊？”

………

一见钟情的兔子

第二天一早，我抱着一大摞书朝学校跑，过马路等红灯的时候，看见商店的橱窗里有一只大兔子，有些许阳光透过玻璃照在它的眼睛上，亮汪汪的，像极了小瞳的眼睛，我突然就笑了。

我就这么盯着那只兔子发呆，绿灯亮了也恍然未觉。等到我回神一路狂奔的时候，学校的铃声已经一路传过来了。

我被罚站在教室最后，太阳晃得我眯着眼睛，我有些昏昏欲睡。我想起了小瞳，她似乎说看见她的妈妈了。又想起了顾婉兮，她说八月的时候去吃桂花糕，可是哪儿有桂花糕卖呢？就这么昏昏沉沉，一天就过去了，晚上回家吃饭的时候，脑子里也还是些乱七八糟的东西。

饭桌上很沉默，我扒着碗里的饭，觉得有些心烦意乱。

"等学校放大假的时候，回去看看爸爸吧。"妈妈忽然开口。我依旧扒着饭，点了点头。

"今天我看到一家卖桂花糕的店，你不是喜欢吗，我明天给你买点儿好吗？"我把头埋在碗里，又点了点头。

"你……"妈妈迟疑了一下，"你最近脸色不太好，是不是生病了……"

"我吃饱了。"我啪地把碗放在桌上就回了房间。

过几个周末会放大假，可以去看爸爸。我想着想着有些困，就趴在床上睡着了，隐隐嗅到窗外桂花幽幽的香。

放大假的时候，我却没有去看爸爸。

因为那天小瞳丢了。

小瞳的爸爸到我家的时候我正在院子里捡桂花，他破门而入，告诉我小瞳丢了，我手里的桂花撒了一地。

我们沿着小巷一路找出去，去了小瞳常买棒棒糖的那家商店，也去了游乐场，但是都没有她。我漫无目的地满街乱跑，心里一片荒乱。

那天阳光有些灿烂，等到天空笼罩满阴云，我也没有找到小瞳。八月的天气，忽然下起绵绵的小雨，我沿着街边的墙慢慢地走，一种熟悉的无力感从心中升起，我忽然蹲下去哭了起来。

这时电话响了，是警察局。

我见到小瞳的时候她脸上的泪水还没有干，看到我似乎更委屈了。她冲过来搂着我的脖子嘤嘤地哭起来，她说阿清姐姐，我妈妈不要我了，她就是我妈妈，可是她不要我了，我妈妈不要我了……

警察说小瞳一直跟着一个女人走，一直叫她妈妈，可是，她并不是小瞳的妈妈。最后她没办法了，只好将小瞳送到了警察局。

她走后，小瞳就一直哭，叫喊着妈妈不要她了。

我牵着小瞳朝家走，小雨已经停了，寥寥的几颗星似乎要沉入背后漆黑的天空，晚风吹过来，有些冷。我没有说话，小瞳也没有说话。

走到我家院子前，我忽然停了下来，小瞳本来低着头朝前走，也被我拽了回来。我说，小瞳，要是你真的想你妈妈，可以给她写信。

“真的吗？”小瞳抬头看我，我看见她的眼睛里盛满了比星星更亮的光芒。

“可以的。”我别过头，“我会帮你寄给她的，或许……或许她收到了信会回信给你吧。”

我学她们化妆呢

我最近老是梦见顾婉兮，她老是笑嘻嘻地跟我说话，老是那样笑着，让我也忍不住跟着她笑。但是不知道是不是那天淋了雨感冒了的缘故，我老是觉得头晕。吃了些感冒药，还是觉得不太好受。

妈妈老是欲言又止，常常说话说一半看我不太高兴又住了口。过了好几天仍然是这样，看着她经常皱眉头，我知道她快忍不住了。

爆发在那天晚上吃完晚饭后，我在院子里转圈儿，她在房间清理被子说要洗一洗。本来很安静，她忽然叫我进去。

她把一张一百块扔在我面前，冷冰冰地看着我："这是怎么回事。"

我低着头不说话，盯着那张钱，上面还有些油渍。

"我前几天少了的钱是不是你拿的？"她有些气，手也在发抖"你拿钱来做什么？"

"不是我，这钱不是你的。"我伸手去拿那张钱，被她推开。

"你到底是怎么回事，我哪儿对不起你了，你怎么学得这么坏……"她气得大声吼起来，我最后看了那张一百块一眼，抱着手进了房间，将房门锁上。

那天她很气愤，一直在门外骂我，我把头捂在她拆了一半的被子里，直到窗户突突地响了起来。

小瞳眨着亮眼睛望着我，她问，阿清姐姐，你眼睛怎么红红的。我说没事儿，我学她们化妆呢。她点了点头，小心翼翼地拿出一封信递给我。她说她把信写好了，让我一定要帮她寄，我问她写了些什么，她不好意思地低头，说这是秘密。

我笑着拍了拍她的头，说小丫头，也有秘密了。她吐吐舌头，说那当然，这是只有妈妈才可以知道的秘密，我拿起信看了看，垂着眸，说，好吧，我明儿有时间就去给你寄了。

她笑起来，踮起脚学着我的样子拍了拍我的脑袋，说阿清姐姐你真好，你别伤心，等我有钱了，就带你去美国找你姐姐。

我跟她拉了勾，她才满意地蹦跳着从我家院子里出去了。

我把信放在书桌上，觉得有些疲惫，倒在被子上，意识渐渐就模糊了。我看见院里那棵桂花树忽然枯了，一阵风吹过来，沙沙直响。

顾婉兮就站着星子般坠落的桂花中间，她还是小时候的样子，头发扎成马尾，眉眼还未长开，眼睛亮汪汪的。

我忽然觉得她或许是小瞳，可是她的眉分明长得跟我一模一样，我又觉得她真的是顾婉兮，我想她长大了的眉目，是不是跟我一样呢？

桂花还在不停落着，她却忽然回头了，对我笑起来，她说阿清，我一定要去美国，等我有钱了，我带你去美国吧。

她对我伸出了手，我想牵过她的手，可是手怎么也动不了，定定地站在原地，那种无力感又在我心中升起。我眼睁睁地看见她扑向我，然后摔在了地上。

风声小了些，桂花抖动的声音轻轻，抽泣一般。我惊恐地蹲下去想拉她起来。却发现地上覆满了桂花，顾婉兮早已不见踪影。

我想大声喊着她的名字，却发现竟连声音也发不出。汗水顺着脸颊流下来，燥热无比。

蓦地从床上坐起来，我已经满头大汗。晚风从窗外吹进来，我定定地望着窗外，忽然觉得顾婉兮是我一个长长的梦。

我忽然开始怀疑顾婉兮的存在。

小王子的玫瑰花

早自习的时候，同桌在吃早餐，八宝粥的味道飘过来，馋得我直咽口水。我已经很久没有吃早餐了。

太过分的能量消耗让我一上午都昏昏欲睡，我趴在桌上，觉得黑板上的字多了一层影子，甩了甩头，影子又消失了。我想，我大概快饿晕了。

晚上回家的时候，又经过了那家有大兔子的商店，那只兔子依旧对着我笑。我觉得还是它好，永远快乐美好。

我妈妈自那日对我发了火后始终对我冷着脸，我也不愿意多搭话，家里很安静。但我并不是很无聊，因为小瞳时常会来敲我的窗。或者给我一根棒棒糖，或者给我一把桂花。

我把她给我的桂花都洗干净放在罐子里，撒上白糖。后来屋子里就弥漫着桂花蜜的香味儿。她经常在我看书的时候搬把小凳子在我窗下坐着，望着天上的星星不说话。有时候又会问我一些奇怪的问题。比如星星上是不是谁的眼睛，一直偷偷看着我们。

我告诉她星星上住着一个小王子，小王子有一棵玫瑰花，小王子会和玫瑰花一直住着星星上。

她思虑良久，问我，玫瑰花最后会变成公主对吗？

我忍不住笑了，我说不会，玫瑰花不会变成公主，但是小王子也会一直和它在一起。她会就这个问题一直思考。当然，我实际上不知道她到底思考的是什么，又有了怎样的结果。

我只知道，她很想问托我帮寄的那封信，我很想让她再耐心等等，或许你妈妈只是暂时没看到那封信。

可是我不知道该怎么开口，我怕她难过失望，更怕她又跟着另一个女人走了。

纵使有如此多不知如何解决的事，日子依旧不紧不慢地过着。就在一切似乎渐渐好起来的时候，我自已却出状况了。

那天依旧是早读课，同桌还在吃着早餐，我勉强撑着头。

老师走进教室，我觉得她的脸有些模糊。她似乎叫了我的名字，可是声音越来越模糊，我努力想站起来，可是头疼得厉害。

我晕倒了，晕倒后的事我不知道。只记得医院刺鼻的味道飘来，搅得我胃里一阵翻滚。顾婉兮的脸就在这时不停晃过我的眼前，笑着的，着急的，凶着的。

滚烫的液体似乎要灼伤我的眼，硌得我双眼生疼。

醒来的时候妈妈在床边，她双眼有些无神，脸色也有些苍白。她看见我醒来，摸摸了我的头，嘴唇动了动，终于开口："那天是我数错了，那钱确实不是我的，可是……"她定定地看着我，"你拿钱来干吗……"

我别过头不看她，她叹了口气，给我盖好被子就出去。我透过窗户看见天空有些阴沉。

晚上小瞳来看我，她坐在床边摸了摸我的头，很严肃地说："阿清姐姐，你需要好好休息。"

我笑着把书包拿过来，翻了翻，掏出一封信递给小瞳："喏，你妈妈给你回信了，怎么样，姐姐厉害吧。”

小瞳接过信，垂下眸子，并没有我想象的那么高兴。我有些奇怪，开玩笑地摸摸她的头问她怎么了。

她摇摇头说没事，然后死活要我睡觉，我说当然要睡，你走了我就睡。她摇摇头说不，你先睡，你睡着了我才走。

我有些无奈，只得闭着眼躺在床上，竟真的很快就模模糊糊了。

恍惚中还听见小瞳的声音，似乎是在跟我妈妈说话。最后她的声音就淡了，我慢慢睡着了，也不知道她什么时候走的。

每个人都有一片森林

我开始分不清梦境和现实，因为我常常觉得见着了顾婉兮。我发现我已经不知道是不是真的有过顾婉兮这么个人，带我去偷过樱桃。

那天我始终记得顾婉兮叫我回家去，请我吃桂花糕。我不知道这是梦境还是现实，但我想见顾婉兮，于是我从医院里逃了出来。

我一路狂奔回家，撞开大门。

桂花还是梦里的那个样子，被风吹得沙沙响，桂花点点从树上落下来。小瞳回头对我笑，她扬起手里的桂花，说阿清姐姐，我给你做桂花糕。

那双眼睛，亮晶晶的，真像顾婉兮的眼睛啊。

我走过去陪她一起捡桂花，她今天不像平时那样总是问我一些问题，反而有些沉闷。我有些不习惯，于是问她：“你妈妈的信看了吗？她说了什么呢？”

她放下手里的桂花，站在那儿望着我。桂花落下来掉在她的头发上。我忽然发现她的眼睛有些湿润。

“怎么了？”我安抚地摸了摸她头。她忽然抱住我的脖子，在我的耳边说：“阿清姐姐，我知道我的妈妈没有去美国，我知道……我知道我的妈妈已经不在了。”滚烫的泪水顺着我的脖子流进我的心里，酸涩无比。

“阿清姐姐，”小瞳似乎亲了亲我的脸，“我已经好了，你也赶快好起来吧。阿姨说只有这样才能好起来。”

我闭上了眼睛，原来每个人心中都有这样一片走不出的森林。

顾婉兮是我的姐姐，大我不多，但我的爸爸很早就去世了，我的妈妈很忙，我的小时候，仅与顾婉兮有关。

有一天，她说她头晕，可是我妈妈只是忙着工作；后来她开始流鼻血，可是我妈妈只是拿了一大堆纸给她；再后来她被送进了医院。

我从此再也没有见过她。

那天我回医院的时候，妈妈脸色一如既往的差，她并没有责备我，只是死死地抱住了我。

我又梦见了顾婉兮，梦见妈妈带着我们在桂花树下乘凉，还给我们讲故事，她讲的是小王子和玫瑰花的故事。顾婉兮问玫瑰花会变成公主吗，妈妈笑着说玫瑰花不会变成公主，但是小王子依旧会跟它在一起。顾婉兮笑了，我也笑了。

然后我就醒了，透过窗，我看见月色很好，照得整个病房一片明亮。低低的抽泣声在耳边不停回荡，妈妈伏在我的床头，我感觉到了她的恐惧。

顾婉兮的病是一种很罕见的遗传病，跟爸爸的病一样。

我在一片明净中，伸出手轻轻拍了拍妈妈的肩膀，我感觉到她的肩膀颤了颤。

我想，这大概是我最后一次梦见顾婉兮了。

长长的时光

我去上学经过的那家商店买了那只眼睛很明亮的笑着的大兔子，我把它送给了小瞳，因为她曾说过，想要妈妈抱着她睡觉。我想，一只美好爱笑的大兔子也能给她带来幸福感吧。

买兔子的钱，是我从早餐钱中节省下来的，那天，我刚刚把零零散散一堆钱换成了整的一百，就被妈妈发现了，只得从头筹钱。

太久没吃早餐，加上有些感冒，我就晕倒了。似乎是营养有些跟不上，我甚至精神有些恍惚。

所幸，我不是跟爸爸和顾婉兮一样的病。

我坚持要回家，让我妈妈给我好好补一下，每天下午小瞳都会嗅着香味蹭过来，盯着我的碗不放。

小瞳说她知道回信是我写的，我问为什么，她有些不屑地看我一眼，说我每天看你看书，你写的字我都认得。

她说得很大声，我妈妈本来在盛汤，也回头意味深长地看了我一眼。我脸上开始发烫，用更大的声音掩饰说，你还好意思说，你居然还会尿床。

她哎呀叫了一声，捂住脸，只露出一双眼睛说，那只是偶尔，偶尔。

我的精神渐渐好了起来，小瞳还是每天敲我的窗。八月的天气还是不怎么好，空气却似乎更明朗了。

我还是会想起顾婉兮，我知道，她不是我的梦境。她是我的姐姐，我的童年。她是我不想离开的月光，而不是走不出的繁密森林。

我带小瞳去看顾婉兮，那天阳光正好，长长的时光忽然变幻成了她的模样，恰似倾泻而下的半笼月光。

柔软时光

赵诓诓

1

宋柔把一个透明水果盘放到我写字台的一角，站在我身旁。我装作专注地低着头，笔尖在纸面上用力点着，台灯刺眼的光下，每个字都力透纸背。

终于，宋柔叹了一口气，几步退出房间，门轻轻合上。

盘里是仔细切好的芒果，甜蜜的果香似乎想要飘进层层设防的心墙。果肉入口瞬间化开，汁液淌到手上。我笨拙地扯着纸，一不小心整卷骨碌到地上。宋柔推崇卷纸经济实惠，甫一入家门就做足了女主人的姿态，将纸抽全部换掉，鬼知道是不是跟我这个天生的懒人做对。我皱着眉头捡起，重新放上桌，视线停留在旁边妈妈和我的合影。时间定格在两年前，母女两人笑容温馨灿烂。那时的父母，他们还彼此相爱。

夜里十一点四十五分，我伸伸懒腰，预备去慰藉一下饥肠辘辘的胃。

穿过客厅，宋柔正倚着沙发看书，见到我她赶忙站起："乐乐，学得累不累？厨房里有新烤的蛋糕，用的是上周你奶奶给的柴鸡蛋，特别香。"

我面无表情，径自打开冰箱，拆开一包火腿肠，一口就吞去半截。

“这么凉会伤胃的……我给你热点儿牛奶。”宋柔在厨房里翻找着，并不纤细的手指上，素雅的婚戒尤为刺眼。

“别折腾了，”我转过身，不理会她的忙碌，“观众又不在家，演给谁看。”

我大步跨进房间，用最强烈的念头命令自己不能心软，于是自动忽略身后这个女人受伤的面孔，也不想去想她会不会打电话向郑老师告状。

郑老师是我的爸爸。他在大学里教书，站在讲台上时颇有几分挥斥方遒的意味，很是吸引女学生热情的目光。宋柔就是其中之一。

一年前父母分道扬镳，郑老师本着给我找个妈的思想四处寻觅适婚妇女，兜兜转转几次碰壁，直到宋柔挺身而出。

不少人都说郑老师有福气，中年再娶依旧能遇到这样的贤惠姑娘。宋柔家境不宽裕，自小便会照顾人，性格也如她的名字一般温柔似水。研究生毕业后宋柔义无反顾地嫁给了大她十二岁的郑老师，之后顺理成章地作为家属留校任教。

宋柔搬进来那天我把自己锁进房间。父母分开的这一年里，见过好几个眼光犀利、神色精明的中年妇女之后我终于妥协，默默接受妈妈已经离开的事实。

郑老师问我意见的时候，我对宋柔点了头。那时她如释重负地笑了，而我在心里冷笑。我的接受不过是因为她是所有人里看起来最无害的一个。

不能说我对宋柔心怀恶意，事实上如果不是郑老师突然去南方讲学一个月，我根本没打算和她有什么交流，只是对她好会让我感觉是背叛。

床上手机一闪，是方宇的短信：“大迷糊郑礼乐，别忘了明天物理习题抽查。”

我翻了翻只写了三道题的习题册，将它一把丢进书包，心情一团糟，只想蒙头大睡。

宋柔轻轻敲门："乐乐，洗澡水烧好了，你不要熬太晚，我有点儿不舒服先睡了。"

真是受不了这个女人，难道我需要她的陪伴？

2

"我家附近新开了家桌游吧，周六走起？"方宇凑到我面前。

我在找东西，书包里乱成一团，索性都掏出来堆在桌面，顺口回应："你家老佛爷不是给你报了补习？"

"你忘了我期中人品爆发杀入年级前十了？"方宇得意。

"少在学渣面前秀优越，"我终于找到目标，推开那张堆满笑的脸，"闪开点儿。万一物理抽查，课代表大人您记得帮我挡过去。"

我跑去科技楼找正在为信息奥赛封闭训练的同桌孙静，递给她一张她的半身素描："生日快乐！"

"你不学美术真可惜。"孙静从屏幕里挣扎出来，不忘打趣我，"臭着张脸跟谁置气呢？方宇？"

"谁有工夫跟他猫捉老鼠。"我撇嘴。

"要我说，你们这么有缘分……"孙静瞬间变身少女派红娘，一脸看好戏的奸笑。

我摇摇头："胡扯，你来搞定他家老佛爷吗？"

方宇家的老佛爷是他英明神武的母亲大人，也是郑老师离婚后第一个相亲对象。

当初介绍人把方宇和老佛爷领进我家的时候我眼珠子险些掉出来。世界何其小。望着这个常年坐在我身后两排的优等生，一句"哥哥好"硬生生地夭折在了肚里。

那时我处于激烈的抵触期，恨不能消灭一切试图接近郑老师的女性，而方宇则对父母复婚满心期待。我们交流眼神后迅速建立了"友谊"——不惜一切代价阻止这两个大人！

于是在两个孩子故意的争吵和嫌弃中，形势愈演愈烈。几次见面下来，老佛爷的眉眼在精致的妆容下扭曲，郑老师则损失了三只心爱的骨瓷茶杯。最后两个大人无奈地友好分手。

从那之后我和方宇就熟络起来，大概同是天涯沦落人。事实上我后悔过，当初要是老佛爷和郑老师"牵手向明天"，至少我还有方宇这个同盟军，不会在郑老师出差后孤立无援。当然，我没机会后悔，老佛爷最后居然成功复婚——方宇也算守得云开见月明。

我踩着上课铃进了教室，还未坐定口袋里就震起来，又是方宇："抽查到你，给你报没带，结果你练习册在桌上，被你们小组长那个笨蛋交了。自求多福。"

我苦着脸看着手机。宋柔曾经看着我乱糟糟的书包委婉地建议"有条理的生活会让人心情愉快"。那时候我是怎么回答的？土老帽才把东西搞成士兵检阅一样。

"早知道听她的了。"我小声嘟囔。

暴风雨在放学后降临。办公室里我低着头听着滔滔不绝的训话，心里盘算着该怎么躲过这一劫，少不了要家长签字，郑老师还有三四天才回来，难道要我找宋柔？正纠结着，一个薄薄的信封映入眼帘："正事不干，花样不少。"

三个月前我给一个全国知名的绘画大赛投去一幅画稿，居然杀入了决赛。

第二天从桌游吧回家的路上，方宇拿着我的入选通知研究："看着够高级，可是决赛在北京，还跟二模日子撞车，郑叔叔会放人吗？"

我垂着脑袋像泄了气的皮球。

"其实我觉得你应该跟你的宋阿姨搞搞关系……"方宇送上馊主意。

"她？比我爸还木头！"我嗤之以鼻，"昨天我补完作业找她签字，她絮絮叨叨足足教育了我半小时，要不是我赔笑脸求她，她还打算告诉我爸！多大个事儿。"

"你这是有成见，上次还说她每天变着花样给你做好吃的，你虽然觉得她烦但是还有点儿小感动？”方宇回忆。

“你从哪句话里听出‘有点儿小感动’这码事的？我只是说饭还不难吃而已。我……谁做饭好吃我就得喜欢谁吗？”

“你就犟吧，我看你怎么说服郑叔叔。”方宇被我噎得有点儿堵。

“你自己家庭美满了，却要我去摇尾乞怜？”我没好气，一把拧在方宇的胳膊上。

“哎哟……”方宇倒吸一口冷气，“你个不讲理的，看以后你男朋友怎么受得了！”

“哼，大不了赖上你，反正你习惯了。”我脱口而出，下一刻脸上开始发烧。都是孙静那八婆红娘搞的！

方宇后发制人，一把将我两只手攥起背在身后。是幻觉吗？耳边居然传来轻飘飘的一句：“那也好啊。”

他的呼吸在我耳畔浮动，我侧身，似笑非笑的面孔就在头顶上方，视线扬起，眉眼更真切，我心里咚咚地响起了小鼓，脸似乎也开始有点儿红。最重要的是，现在这个姿势、这个气氛，似乎特别的……暧昧？

突然一声急促的刹车，下个瞬间，湿漉漉的凉意遍布全身——不知道是哪个无良司机把车直接开到了便道上，一个行人几乎跌倒，手中的冰可乐全部洒到了我身上。

浪漫的桥段无端被打断，我推开满脸尴尬的方宇，几步走到车前，伸手便敲。

车窗却已自动下降，里面是一张比我还要愤怒的脸。

“爸？！”

“郑……郑叔叔……”

3

郑老师生气的方式很独特，我坐在沙发上，低着头只能看到他一圈一圈地走来走去。宋柔不明所以，努力想要缓和气氛，结果被郑老师直接塞进厨房。

头一次，我可怜巴巴地望着这个女人的背影，居然有点儿希望她能够“打扰”一下我和郑老师的单独相处。

“乐乐，我真没想到……”严厉的声音响起，“你才多大？你、你知道你现在的任务吗？”

“好好学习，考市重点。”我小声回答。

“我平时忙，顾不上你，但是我以为你都能明白！还有，那个男生难道不是当初和你打架那个？”郑老师眉头皱紧。

“是……”我想要辩解，却发现不知该说什么。

“乐乐，你真的让我很失望。在学校你整天都学了什么？这次要不是宋柔叫我回来……”

“是她叫你回来的？”我瞬间奓毛，果然是太天真，居然没有发现这个女人当面一套背后一套的。我像被点燃了一样，从沙发上蹿起来，冲着厨房大喊：“骗子，你答应我不说的！”

宋柔系着围裙，一脸错愕地走出来：“乐乐，我没有……”

我冲进房间，依稀还能听到高声的呵斥和急急的劝解，我把所有的说教和训斥锁在门外，泪水夺眶而出。

缩在房间一角，我将妈妈的照片抱在怀里。

过了很久，我摸摸已经发麻的双腿，慢慢站起来。

“就算我是个坏学生又怎样，我还是他女儿啊，这世上我跟他最亲。”我默默给自己打气。

我小心翼翼推开房门，郑老师和宋柔坐在沙发上低声交谈，宋柔似乎在撒娇，我只听到了一半：“……像乐乐怎么了，我觉得乐乐挺好。”

看到我，两人明显愣了，一页纸从宋柔手中缓缓飘落到地板上。

我捡起，那是一张妊娠化验单。

宋柔大概真的没骗我，郑老师回来明显是因为更重要的事。

方宇家的老佛爷是市医院妇产科的主任，生理卫生课时方宇炫耀过他的“家学渊源”。拜他所赐，化验单上每一项指标我都看得懂，“阳性”这两个字尤为刺眼。

宋柔怀孕了。

多可笑，就在我满是温情想要证明我和郑老师之间是多么不可替代时，他却在被告知我并不是唯一。

4

“这是一个记录屏幕动作的软件，你拷到电脑上，就能查看安装后的所有操作了。”孙静把一只U盘递给我，“乐乐，你真打算瞒着家里去北京？”

“不然我干吗向你求助，盗网银密码订火车票？”我把U盘放在书包夹层的暗袋里，“上次和方宇那出被撞见后，我就彻底丧失人身自由，幸亏还有高科技。”

“这可是离家出走啊……”孙静满脸忧心，“让方宇陪你？”

我坚定地摇头。除去那天街头的暧昧，我跟方宇甚至不算正式情侣。何况，决赛的日子和二模是同一天，而二模成绩是省重点提前招生的唯一参考：“拐带优等生翘考试，大姐你比我还有创意。”

两个月以来，我做起了乖孩子，甚至还给宋柔端过几次洗脚水，郑老师满意不说，宋柔几乎感动得要哭：“乐乐，将来你弟弟出世后，一定要让他拿你当榜样！”真是老封建，张口闭口就是弟弟，好像她一定生男孩儿一样。

这一切，只是为了掩饰我的出逃。我要去参加绘画决赛，然后用奖项敲开省艺术中学的大门。只有这样，考市重点都难的我才能到省城上学，未来三年逃离这个不属于我的家，也可以离方宇更近些。

临近比赛那几天，郑老师因为教学评估忙得团团转，每天三餐有两餐都是在酒桌上解决的。至于宋柔，上完课后就在家里翻阅安胎育儿的书籍，除了照例询问我几句学校的生活，几乎完全沉浸在自己的世界里。没人注意到我的紧张和期待。

出逃那天早上，我把妈妈的照片放进书包，去火车站取了车票，踏上北上的列车。

火车的轰鸣声里全是浪迹天涯的悲壮，我索性关闭了手机。

一路忐忑，到达北京后我几乎走五分钟就问一次路，最后终于在一所大学旁边找了家小旅馆住下。临睡前我打开手机，满满三十多条短信，分别来自宋柔、方宇和孙静。

一条郑老师的都没有。

我心里空空的，失望瞬间蔓延，索性看也不看全部删除。

这时候宋柔的电话顶进来："乐乐，你在哪儿，快点儿回家！大家都快急疯了，你爸爸……"

我挂掉了电话。随着叮咚作响的关机音乐，手机的屏幕暗了下去。

5

我是被方宇活生生从比赛场抓回去的。

在那通被挂掉的电话里，宋柔原本打算告诉我，郑老师连续几天在酒场上应酬，结果急性胰腺炎住进了医院。

在火车上我双手颤抖着用手机搜索着这个从未听说过的病症，强大的网络列出满屏幕晦涩难懂的术语。我头昏脑涨，直到看到"严重可导致死亡"，手机啪一声掉在地上。

"乐乐不要怕，没有你想象的那么严重 。"方宇轻轻拍着我的背，"昨天已经连夜做了腹膜腔灌洗，我妈妈找的最有经验的医生，相信我，会没事的，一定会。"

我浑身战栗，把头埋进方宇怀里，像一个彻头彻尾的傻瓜，五个小时的车程，从头哭到尾。

我在医院的加护病房里看到了一脸憔悴正在熟睡的郑老师，他眉头紧锁，似乎睡梦中也承受着极大的痛楚。心头是涨满的自责和后悔，我总是怪他把我放在不重要的位置，却从来没有想过他在外打拼是多么难。

“昨天折腾了一夜，刚睡着，我们去外面不要吵他。”宋柔脸色苍白。

方宇拿了几张单据跑去办相关手续，走廊里只剩我和宋柔两个人。

“昨天事多，我告诉你爸爸为了不耽误你复习让你去孙静家住了。”宋柔掖了一下耳边掉落的碎发，神色疲惫，“乐乐，我知道你不喜欢我，可是你连你爸爸也不在乎了吗？”

“不用你管。”我低着头看自己的鞋尖，没来由地委屈，在郑老师最需要我的时刻，陪在他身旁的居然是这个女人。

“你知道多危险吗？”头一次，这个永远细声细气的女人对我板起了脸，“就为了你的爱情和梦想？你爸爸会多难过！”

心头一阵刺痛，我瞬间扬起头，有些话不受控制地跑了出来：“一个为了留校，为了在年轻的时候过好日子而嫁给老男人的人，要来跟我谈梦想和爱情吗？”

宋柔瞬间脸色灰白，话不成句：“乐乐……你……你就是这样想我的？”

方宇一溜儿小跑回来，看到我们两个古怪的对峙，把我拉到一旁打起了圆场：“阿姨，我带她到学校交代一下，晚上再来看叔叔，您有事直接找主任，都打好招呼了。”

“你……想骂就骂。”去学校的路上我揪着方宇的衣角。

“我确实想骂你，这么冒失就跑到北京去，还不告诉我！”方宇一脸嫌弃，然后一把抓住我的手，“还有，别犟了，你们已经是家人了。”

我抽出了手，咬紧嘴唇。

“火车上为了怕你着急所以没说，昨天你爸疼得整个人表情都狰狞了，你的新妈妈看着那么瘦瘦小小的一个人，居然一个人把他扛下楼，两个人是一起进的病房，医生说她怀着孕简直是不要命。”方宇定定地看我的眼睛，“她稍微恢复了马上到处找你，问了孙静之后拔了输液管就要下床。我差点儿拦不住。”

“她以为自己是悲情女主角吗？谁要她来拼命的！”我的心头一震，想到昨晚可能出现的一幕幕惊险……

看着方宇一脸凝重，想象着病房外宋柔的疲倦，我心里有个角落无声地软下来，“我知道她说的都对，我也知道她不是白雪公主的后妈。可是我就是……难道真的要我去喜欢她？”

“慢慢来，好不好？”方宇鼓励我，转脸又忍不住吐槽，“白雪公主的后妈？哪有你这么凶的白雪公主……”

临到学校我突然反应过来：“你跑去抓我老佛爷会不会疯掉？不参加二模怎么去省重点的特招！”

“因为省重点已经提前录取我了啊。”方宇得意扬扬，“今年新政策。”

6

“乐乐你最近是打了鸡血吗，一天做八套卷子，连课间都在背单词，我要不认识你了。”孙静看着我冲好一杯苦得发酸的黑咖啡，捏紧了鼻子。

“现在要想去省城，就只能考省重点了。你说我要不要打鸡血。”我头也不抬。

“可是，还有两个月——我不是说你没希望啊——会不会太辛苦了？”

“其实是没太大希望，”我苦笑了一下，“可是有些事，我总要试试看。”

郑老师住院的那十几天，宋柔尤其辛苦。胰腺炎的治疗需要断食，出院后添加流食恢复。宋柔挺着大肚子在厨房里煮粥煲汤。

我心里一阵阵发酸，从抽屉里取出妈妈常用的橡胶手套：“带这个吧。”宋柔愣了一下，然后笑了，用围裙擦擦手，轻轻抚着我的头顶：“谢谢你乐乐。”

“你倒下了，谁……谁来做饭。”我脸上一红，躲闪着她的目光逃进房间。

我是妥协了吗？望着妈妈的照片，我的心里一片纠结：“你会怪我吗？”

隔天晚上，宋柔轻轻敲开门：“乐乐，你……你上次不是问我为什么会嫁给你爸爸吗？”

我语塞。

宋柔望向远方，眼神里的东西我读不懂，“你那天说的那些，的确让我心动——哪个女人不希望嫁得衣食无忧？可是最终让我下定决心的，是你爸爸这个人啊。等你到我这么大就会明白，能够找到对的人需要多大缘分，是真正因为这个人，你才有面对婚姻，为他生儿育女的勇气。”

一种复杂的情绪排山倒海——在我把委屈一笔笔记在小黑账上的时候，她却一直用一颗善良的心包容与坚持。

“我……方宇老说我满嘴跑火车。”我低下头，很想埋进地板里去。

“乐乐，我不怪你。”宋柔还是温柔地笑，顿了顿，她又说，“其实当初，我也不敢说对你的好完全是真心实意的。”

“你？”我不解，用探寻的目光看着她，“可是你一直做得很好。”

“因为我爱你爸爸，所以愿意为了他去爱你。你呢，愿意为了他而爱我吗？”宋柔握紧我的手，掌心里有微微的汗，“试试看，好吗？总要试试看，才知道自己能不能。”

7

中考那天，宋柔急急地追出来：“乐乐，我看你带的是冰水，换成这个吧，”她递给我早就晾好的凉茶，“冰水太凉，瓶子还容易把卷子弄湿。”

“跟我妈一样啰唆。”我小声抱怨着。

被抱怨的人反而笑了，笑得那么甜。

快进考场时有人拍我的肩膀，我回头，几乎是见了鬼。

“你、你、你不是被省重点特招了，还来中考干吗？！”半天我才回过神来。

“为了陪你啊。”方宇还是那副漫不经心，“你可是头号黑马，我送你上战场！”

“带着水性笔和涂卡尺，”我一把扯过他手中拎着的透明文具袋，“还有准考证？”

这个大白痴，你在骗谁。

“啊，忘藏了。”方宇挠挠头，无比尴尬，“那时候不是想让你安心嘛，省重点哪能为了我一个人换个政策。”

我心里五味陈杂，什么话也说不出口。

“其实我是想来陪你考市重点的。”方宇脸红，“老班说你正常发挥的话很有希望，到时候报志愿，我就跟你报一起。孙静告诉我你去北京就是想能离我近点儿，我……我也想离你近点儿。”

“少臭美。”我扬起他的文具袋作势要打。

“你的良心呢！”方宇很配合地假装喊痛，“为了你翘二模，老佛爷差点儿把我炖了。你要是考不上我就炖了你！”

一个月后，我成功拿到市重点的录取通知书。

郑老师眉开眼笑：“我就知道我女儿差不了！”

我轻轻敲开了宋柔的房门：“这幅画送给你。”

那是考试前我画的最后一幅画，一个穿着白色长裙却系着围裙的女孩儿站在门口，身后是五彩斑斓的梦幻世界，身前是一张餐桌和大大的灶台，有个抱着布娃娃的小女孩儿，正抬着头一脸憧憬地看着她。

宋柔又笑了，抚摸着画中的人物，轻轻开口：“这幅画，有名字吗？”

我微笑：“时光，柔软时光。”

我最想环游的世界就是你

同桌赵梦露满脸愤懑地告诉我这些的时候，我不以为然地摆了摆手，不跟他们计较。

我敢打赌，说那句话的一定是群没有梦想的人，所以他们也就不会知道，网店的背后其实藏着我远大的梦想，就是开着我的“奔腾”，去全世界翱翔。

这倒也不能全怪别人，连赵梦露都不晓得，因为长得像只小乌龟而被她嘲笑惯了的“奔腾”，承载的不只是我的人，还有我未来的无限可能。

时光，旧好

小麻蛋

1

“你好，我叫书彤。”

“你好，我叫夏晓雨。”

我像一只夹着大尾巴的狼外婆，嗲声嗲气地装着淑女，翘起兰花指挑了挑刘海，笑得温文尔雅。这是我的初中生涯第一天，往后还得在这儿混下去，就必须先给自己套上一副讲礼貌树新风的德行，不错，这就是我冥思苦想认真揣摩了三天的开学计划。

不过，面前这个笑起来眼睛像弯弯的月牙儿，皮肤像鸡蛋一样光滑又嫩里透白，身穿简单活力的运动装美少女形象，已经狠狠地惊艳到了我，稍稍激起了我内心的羡慕嫉妒恨的小浪花。

于是在放学路上，我一路紧随并叽叽喳喳地搭讪。但是在她的长发飘飘发香阵阵地牵引下，我开始安安静静地检讨自己做出剪掉长发蓄短发这个决策的正确性。不过没有持续一分钟的沉默，我们开始一发不可收地聊起来。最后，在各种客观因素比如我和她家只隔一条街，我们是前后桌关系，还都是金牛座的之下，我们迅速发展成形影不离的好哥们儿。我们就是不喜欢称姐妹，不喜欢说是好朋友，我们之间有一种特殊的定义。

还记得我们第一次也是唯一一次牵手，我的脸涨得通红，手心停不住地冒汗，最后实在矜持不住了才给放了。老妈一直笑我，和女生牵个手也能憋成内伤，就因为这个，我开始讨厌两个人在一起的时候卿卿我我，拉拉扯扯，就像男生那样肩并肩走着，偶尔用手搭着对方的肩表达下感情，也挺好的。

从一开始，我们就是与众不同的。

和晓雨同学初识的那一个月，绝对是我们之间最贤良最和谐最能装的一段。不久，我们就原形毕露了。事情败露在一个阳光明媚的下午，我的雅号“阿呆”被某位闲来无事的老同学发扬光大了，短短一节课，我的真名战死沙场。

“阿呆，阿呆？阿呆！哈哈哈……”某人抑扬顿挫的语调和没心没肺地笑。

“你！死阿笨。”我下意识地回敬了一句，然后她就被我阴差阳错地叫了三年“阿笨”。

“我不是……”“你，闭嘴。”“你……”然后她就被我拉远了。

从那以后我们向着女汉子的方向又好又快发展。

2

我们立志要当吃货，因为信仰美食的确是具有强大的治愈能力，想过那种“吃嘛嘛香儿，身体倍棒儿”的日子。

于是，在某个星期五放学后，我把阿笨又拎到一家小吃店。

“嗯哪，就是这个味，这家的酸辣粉真够劲！”我呼呼地喘着气，擤了擤鼻涕，有点儿辣。

“你这缺心眼的孩子，是不是酸辣粉综合征呀？怎么到哪都吃这个，还要变态辣的。”阿笨用筷子捞了捞那层火红喷香的尖椒，嘴唇一圈都红肿了，颇有香肠嘴的阵势。我幽怨地白了她一眼，然后低着头深刻地反省了一下刚才端粉的时候多给她加了三大勺辣酱的行为。唉，罪过罪过，这么辣还堵不上嘴，早知再来两勺了！我的眼睛笑成了一朵花，扑腾的热气迷蒙了眼镜，但心暖暖的。拐一个四肢发达，头脑简单的呆瓜来做小跟班，我的初中三年还会寂寞吗？

不过在一个月后，鉴于体重一路飙升，吓得我是寝食不安，决定把每周享受美食的钱省下来，投资杂志。“花最少的钱，看最多的书。”这就是我们疯癫二人组合奉行的最高宗旨，两人轮流买书借着看，作为这地球上又一个没心没肺的享受资源的人，是该为环保事业做点儿贡献的，我们又为祖国母亲保住了几根绿发哪。于是在某天，我和阿笨一路冲到书店，“阿姨，来本《作文与考试》。”不过，那位阿姨和蔼可亲地告诉了我们一个晴天霹雳的消息。“什么？！涨价了！”我一脸呆滞地望着递过来的那本小小的、方方的书，究竟是书里边掺了金子，还是看了就能当学霸？那么瘦瘦一本书，居然要我两天的早餐费，这不科学！

我们面面相觑了一下，阿笨掏钱的手顿时就犹豫了。“呵呵，我们……嗯？那本多少钱？”没错，某本看上去够鲜艳缤纷拎起来沉甸甸的书成功吸引到没戴眼镜的我。“五块。”什么！难道是出版社的脑子进水了吗？这种价格的悬殊马上让我们倒向那本一样厚，大很多，才多一块的杂志，甚至连书名都没看，付了钱阿笨就拉着我跟贼似的就一溜烟跑了，风吹乱了我们的发丝，空气中渗透喜悦。后来，我才知道这本书叫《中学生博览》，有一群阿笨和我都很喜欢的疯子似的编编。

不久之后，我们又找到一家百货超市作为最新根据地。虽然我们总觉得穿着校服到处犯二有点儿对不起学校的教育，但当我们站在灯火通明的高楼下时大脑一片空白。我们一般带钱不超过五块，只是每个货架都要走一遍，顺带研究一下成分，发表一下高谈阔论，持续了一个星期后，我们成功地成了售货员的重点怀疑对象。在某一次，我们正在兴致勃勃地讨论琳琅满目、精致奢华的高档酒的瓶子哪个好看的时候，不远处的售货员终于耐不住寂寞了，不过没等他过来，我们作鸟兽散去。当然我们也不至于那么傻，每次去还是会有消费的啦，不记得什么时候斤斤计较的自己开始变得相当大方了，只是突然觉得和朋友分享是件快乐的事。

我们的初一，就是每天扫荡美食一条街，每天嘻嘻哈哈地压马路，每天留在课室里一前一后，她看漫画，我写作业，每天斗嘴损对方。张牙舞爪的日子每天都很潇洒，勾肩搭背的笑声响彻天际。

3

“你看，在这个女生都钟情于改裤脚、拉直发、装萝莉、扮御姐，男生则执念于抽烟、粗口，装酷帅的年代，我们这两只艰苦朴素积极向上的90后是不是特异类？”这是初二开学第一天我的说说，附带了两只“汪星人”的傻傻的笑，然后被三姑六婆点了无数个赞，突然间就连我自己也觉得这自编自导的调侃有点儿道理。学渣注定被埋没，于是我洗心革面决定当学霸，在基层当乖乖女确实不适合我的霸气。我迅速和作业成了好友，开始过发愤图强、奋笔疾书的苦日子。

“怎么着，那么勤奋，你没发烧吧？”同桌已经是在一个星期内无数次对我埋头背单词、记公式的反常行为抱以质疑和不屑。

“闭嘴！你一大老爷们儿怎么那么啰唆啊。”我没好气地对同桌噼里啪啦地鄙视了一顿，阿笨转过头来饶有兴趣地转着手中那支笔，上课的睡意一扫而光，勾起一抹邪恶的笑，“哈哈哈，人家是和作业君日日勾搭，来填补内心的空虚寂寞冷哪，哈哈！”我没理她，窗外的阳光那么温暖，带着橙子的香味洒在我们的书桌上，衬出我们的巧笑嫣然。

校外有一个彩石雕刻当铺，我和阿笨屁颠屁颠地跑去买了一对墨绿色的可以配成一颗星形吊坠，刻上歪歪扭扭的“阿笨”和“阿呆”，然后彼此交换。那天我们都很开心，好像时间定格，友谊永远。

她生日那天，我留校补课，除了送给她的生日礼物外，不能陪她庆祝，我真心觉得遗憾。不过在回家路上我瞄到面包店里的酒杯蛋糕，突然有了个绝妙的想法。我趁着空闲奔向阿笨家，黑黑的楼道里，我点燃了那密密麻麻的十四根蜡烛，温暖光明，杯底压了一张小纸片，我重重地拍了两下门，迅速跑下楼去。不知在几楼，我听见踏着拖板的声音以及惊喜地“喔哇”，我心里也笑得甜丝丝的。

我告诉你，我喜欢这种惊喜的快乐，你说，你不懂，你只是平凡的人，我笑你好没情调，还好有我。

4

期中测试，我前三，阿笨几百名以外。没错，我以惊人的进步掉进学霸堆里，但却没有想象中的兴奋和优越感。因为，我和她，似乎出了点儿问题。我正津津乐道成绩带来的刮目相看和给自己开创的孤高冷艳的盛世局面，阿笨同志则遇到了新欢——雁子。她，考场失意，友场得意。若是我照以往的独裁主义，后果肯定不堪设想，但是这回我却安安分分地继续做她的好哥们儿。

就在这一年，我们要参加中考，阿笨竟然出状况没有拿到考试文具袋，在我的苦口婆心下，害羞的她摆着黄花大闺女的阵势转驾办公室，却被老师骂了一顿。无果，她就特别死心眼地只认学校发的，坚决不到校外买，被我气急败坏地训了一顿。然后我把那根仅仅三厘米长的2B铅芯折了一半，送到她家。我的脸红扑扑的，正在为自己的拔刀相助而热血沸腾，当然不会注意到她什么也没说，还有那怪异的表情。

老师让我复印资料，作为为班级跑腿的，复印店的老板是很会讨好的，比如说免费送两份给我。我乐呵呵地决定一份留给自己，一份给阿笨。我转身递给她，然后跑去结账。让我怎么也没想到的是，阿笨竟然和我翻脸了，可笑的是，原因只是我的积分卡上的分数已经远远超过了她的。

“谁稀罕你的资料！你帮同学们跑腿就是有目的的，自私自利！

你就是个表里不一的混蛋，我……”她歇斯底里的好像一头好战的凶猛的狮子，地面上散落着纷纷扬扬的纸片。我听得五雷轰顶，这样的她我好像从来没有见过。我整个脑子乱蒙蒙的，慌乱地说了一声再见，逃离了现场。似乎前一秒的所有都只是一场梦，我扪心自问对她从来都是真心实意，难道都是我在自作多情吗？一路闯红灯到家，我都一脸呆滞。我没有哭，因为没有理由，也没有作用。

我们再见面，之间似乎隔了一层什么，摸不到看不穿。我有满肚子的疑惑想问她，当看着像什么事也没发生一样的阿笨，却吐不出一个字。我偷偷发了条短信给她，一向高傲的自己一改常态，竟然先低头。事情就是这么戏剧性，她换号码了。慢慢地，我也放弃了最后的挣扎，任由我们的关系在短短的时间里，面目全非。

5

三更灯火五更鸡，就是初三毕业班的节奏，我逼得自己没有一丝喘息的机会，不敢也不想再想什么。也是在初三，我们保持两年的格局崩溃了。我和同桌从倒数第二桌调到正数第二桌，离开了熟悉的环境，我甚至有种离家的愁绪。

有一次在学校自习到很晚，回家路上我意外地看见了阿笨和雁子。我驻在街边树旁，看着对街小吃店里的热闹，心中百味杂陈。阿笨说话的样子那么神气，雁子笑得上气不接下气，我突然想起阿笨曾经和我说：“你就是个混蛋！比我优秀那么多，你可以轻而易举地让任何人笑，我却怎么也做不到。”被我当成玩笑的一句话搅得我的心很乱。回到家，我登录MSN和笔友兼蓝颜劈头盖脸地倾诉了一番，一向多话的他却只发来短短一句话：“友谊是用来分享的，朋友是用来原谅的，一路上要学会放下。”好像交缠的千头万绪顿时各自归位。

漫长的时间让我足够去冷静，就这么不清不楚的，我不叫她阿笨，她也再不叫我阿呆了，我们好像失忆患者重新回到原来，记起对方的真名，句句礼貌友好，以及不忘擦肩而过的那个微笑。也许，我一直以为那个女孩儿和我一样大大咧咧，我的嘻嘻哈哈在她眼里不仅仅是一个笑话，或许不服输的她只是想超过的我这个最熟悉的傻瓜。别人背后说她不好，我还是会为她与别人争得面红耳赤，因为我相信，总有一天，有一个人也能教会她长大。

我们偶尔还会一起回家，我问她，“毕业还会记得我吗？”“不会。”“呵呵，放心，我也不会记得你的啦。”我还是一如既往地佯装痞痞地回答。半晌，旁边传来细细的声音：“我想，以后我们碰到还是要打招呼的。”我笑得风轻云淡，站在我们无数次分开的地方，我向前，她向右，头也不回。

6

最后一次春游在一个森林公园里，她和雁子错开了，四处寻找，我也拉着新闺密悠悠荡荡。我拿出手机拍下了她的背影，还是一样窈窕，林荫树下，小小的石路铺满摇碎的阳光。

我把照片发到微博里，顺带留言：“再见，亲爱的女孩儿，谢谢你教会我成长。”

后　记

打开你的空间，只有定格在2012年的一句留言，愿你百年安生不离笑。

还有绿萝花未开

木子李

1

我有一个万花筒，是周易送给我的。

我也曾矫情地坐在有阳光的地方，微眯起眼睛，对每一次咔嚓而过的风景充满着向往。那里，有大好河山，有温宁花圃，还有，我五彩斑斓的梦。

周易当初挑到这只万花筒，只因为他为着里面的风景着迷。他说，柠檬，总有一天，我要带你走遍万花筒里面所有的地方！

可是，我等不来那一天，就将那只万花筒给扔了出去，带着我的愤怒，越过窗口。周易每周六都会来接我回家，这次竟然晚了半个小时，他的电话都快被我打爆了，依旧无人接听。我这才一气之下将手里的万花筒变成了出气筒。

怎想傅炎陌正好路过窗口，那只万花筒就像愤怒的小鸟冲着无辜的他冲过去了，结果，傅炎陌没吭一声，倒是我先捂住眼睛尖叫个不停。那个万花筒外壳是用铜做的，杀伤力不亚于一块石头。

好在那个人是傅炎陌，不苟言笑且特别能忍的一个人。

都说穷人的孩子早当家，傅炎陌绝对是我们学校的一个榜样。每天下午放学后，他都会捡矿泉水瓶子，从一个班级捡到另一个班级。

记得有一次，有个男生使坏，往门后的矿泉水瓶堆里倒了很多碎玻璃，傅炎陌稍不注意，就被玻璃片扎伤了手，鲜血顺着他的手掌直流而下，让人触目惊心，他却一言不发地穿过众人的视线，离开了。

如同此刻。

他也只是揉揉被砸疼的脑袋，又面无表情地捡起万花筒，从窗口递了过来。我一边像看猴子一样奇怪地盯着他头上肿起的红包，一边敏捷地跳出了窗口。

我说，哎呀，我认识你，你是那个捡矿泉水瓶子的傅炎陌!

他的眼神一下子变得凛冽，声音里带着冷飕飕的凉气，你不应该先道歉吗?

我笑了，低着头拱在他胸前，我说，道歉多没诚意啊！我怎么砸的你，你怎么还过来！来吧，别手下留情啊!

傅炎陌看着我圆圆的脑袋，不耐烦地推了我一把，捎带了句，有病!

我没站稳，往后踉跄了一步，正好倒在风尘仆仆赶来的周易怀里。但我完全忽视了他的存在，冷静地挣脱了他的怀抱，一步一步走到傅炎陌面前。

他把万花筒匆忙地递到我手中，试图赶紧离开。可是我却握紧了那个万花筒，眼睛不眨一下，抡圆了胳膊朝着自己的脑袋砸了过去……我从光明一下子穿到了黑暗的隧道，模糊的光影中，我看到了周易喊着我的名字慌张地冲了过来，还有站在一旁不知所措瞪大了眼睛的傅炎陌。

2

醒来的时候，周易正铁青着脸站在我的床前。

我用右手摸到了左手背，那里扎着针管，冰凉的液体正一滴一滴地流入我淡青色的脉管里。我说，周易，你的脸色怎么这么难看？我还没死呢！

周易的薄唇抖动了两下，我以为他要朝我发火，可是他只是咬了咬牙，什么也没说。

他背过身走到窗前，长臂一挥，窗帘刺啦被拉开。

一束阳光照了进来，有星点的光芒跳跃在了他的肩膀上，他穿着白色的衬衣，站在万丈光芒里，只稍一个转身就差点儿让我泪眼蒙蒙。

过了好一会儿，他才走到我的床前，目光里是倾城的温柔，他说，柠檬，还疼不疼？

当他说出这一句，我的胸膛就酸涩了。其实，依着他以前暴躁的性格，他应该说的是，柠檬！你简直让我操碎了心！

不知从什么时候开始，我变成如今这副忤逆的模样。

谁看不惯我，我就要用他看不惯的方式回击。周易，他讨厌极了这样的我，但全世界，又只有他肯原谅这样的我。最可爱的我，大概就是他考医大的那会儿，在昏黄的暖灯前，我淘气地抱着他的脑袋，帮他拔掉了好几根白发。

我说，有你这么拼命的吗？当医生有什么好的！

他不说话，目光落在不远处一张相框上，里面有个女孩儿，穿着粉格子衬衣，太阳过于明媚，粉色被投影成了透明色，连带着女孩儿的皮肤都变得通透粉嫩，这张极具文艺气息的照片是周易拍的。

那个女孩儿是我姐，青桃，几年前死了。先天性心脏病突发，连医院都没来得及赶到，就没有了呼吸。

我猜周易一定极度痛苦，不然，那么热爱摄影的他怎么改了专业，走上了心脏科专业的道路。

他问我，柠檬啊，我换好了那么多颗心脏，可是，为什么就没有你姐的呢？每逢这个时候，我就会变得很强大，强大着用没心没肺的笑脸和柔软的怀抱去安慰眼前这个痛苦的男人。

他当医生的样子很好看，穿上白大褂，一改以往的脾气，逢人就露出春风拂面的笑。我不喜欢他对着别人笑，尤其是那些小护士，我蛮横地跟他讲道理，周易，以后你不要再笑了，你看那些小护士看见你眼睛就放光

他两手夹着我的脸，晃来晃去的，抗议，哎呀呀，老子是天使，不是恶魔！

3

回学校后我找到傅炎陌。

住院期间，他曾买了份果篮探望我，但他没进来，而是让护士把果篮送进来。

他买这么一份果篮至少要捡一百个瓶子，我心里挺过意不去，决心把果篮的钱还给他。

可是他不要，淡漠的一张脸强硬得要死。

我说，你拿不拿？

他直接手插裤袋，做出一副拒绝的姿态。他穿着洗得发白的校服，宽大的衣服依旧遮挡不住他瘦弱的身骨。我妥协地把那一百块钱放回自己兜里，我说，傅炎陌，下午放学后，还是这个地点，你等我！

然后，我就跑了。

夕阳西斜，我拖着一个麻袋气喘吁吁来到和傅炎陌说好的地方，他早已站在那里等我，眼里还带着不耐烦和倦意。我把那个麻袋解开，当瓶子一个个散落着滚出来的时候，他才微张着嘴巴惊呆了。

他说，你这是干什么？

我扬起一张灰扑扑的脸笑，你不肯拿钱，这瓶子你总肯要了吧？

他默不作声，睫毛低垂着。趁我弯腰捆麻袋之际，他突然溜了。他这一溜我脏话都飙出来了，傅炎陌，你大爷的！姑奶奶我累得腰都快折了，你倒是拿着啊！

他却丝毫不回头，跑得比兔子还快。

我拖起麻袋发誓要追到他，然后把瓶子当飞镖往他身上射！可是当我追到楼下的时候，我就不动了，我看见他在一片温润的光线里朝我奔来。

给！他气喘吁吁地站在我面前，手中是一支奶油小布丁。原来他刚才跑掉是为了给我买一支雪糕。

这才是傅炎陌吧？淡漠分明的脸上，其实藏着一颗炽热的心。

很快我和傅炎陌成了很好的朋友，并时常陪他捡瓶子。

4

我陪傅炎陌捡瓶子的事，在学校闹得沸沸扬扬的，有些同学还给我和傅炎陌封了个响当当的名号：乞丐情侣。

这个世界就是那么可怕，有些人啊，总要捏点儿子虚乌有的事看出好戏才甘心。傅炎陌也不止一次告诉我，柠檬啊，你不要再陪我做这些事了，我一个男人不怕什么的，我怕他们说些有损你声誉的话。

我当然听不进这些，闲来无事，自己还特意做了一根打狗棒，我决定当个丐帮夫人，以后谁嚼舌根子，就打谁！

傅炎陌有意躲着我，他越这样，我越挥着我的打狗棒满世界地追着他跑。那段时间，同学们就指着我们俩乐了，后来班主任就把周易请来了。

老班以早恋的名义给我定罪。周易在一旁听得脸红一阵，白一阵。

我告诉他我没谈恋爱，他不信。我说我和傅炎陌一起捡矿泉水瓶子卖的钱可以买好多支奶牛小布丁呢，我们这是勤工俭学，你应该表扬才对！

他从皮夹里抽出一张银行卡，丢到我的怀里，一字一句地警告我，以后不准再和那个男生在一起，缺钱就从这个卡里取，密码是×××。

我握着那张卡，心里苦涩，嘴不饶人地嘲讽他，周易，你甩卡的样子真像个大财主！

他没说话，车子疾驰起来。我从后视镜里看到了傅炎陌的身影，他站在大树下，孤伶瘦弱地望着车子远去的方向。那一刹，我脑海里产生了要带他走的念头。

我和他要飞到那遥远的地方，看一看，这世界并非那么凄凉；我和他要飞到那遥远的地方，望一望，这世界还有一片光亮。

我拿着这张银行卡，背弃了周易，背弃了那座城，和傅炎陌一起去了万花筒里的世界。

我们去了江西的婺源，火车轰隆隆地驶过山城的时候，我和傅炎陌趴在玻璃窗口上，两颗脑袋挤在一起，看见了一片又一片油菜花田，阳光正好，有温软的东西落在我的额头上，是傅炎陌的唇。

耳朵里忽地灌满风声，火车碾过铁轨的咔嗒声，还有傅炎陌胸口的鼓动声。那么清晰，令我的脸颊红得像天边的火烧云。

我让傅炎陌帮我拍了一张照片，并随手上传到微博。照片里的我像极了周易书桌上青桃的照片，身后的万亩花田，万丈阳光，也不及恋人嘴角扬起的弧度。

但我万万没想到，我的一条微博竟然让周易千里迢迢追赶到婺源。

他像个疯子一样，把我从旅馆里揪了出来。就在他打开车门，粗暴地把我往车里扔的时候，身后“砰”的一声闷响终止了这一切。我猛地回过头去，傅炎陌正抱着一块血迹斑斑的石头，站在周易的身后瑟瑟发抖。

血流到了周易的眼睛里，又顺着他痛苦的脸颊流下来，像血红的泪。

我的胸口像被利器刮了一下，钝疼。周易抓住傅炎陌，一把将他按在车背上，嘶吼着，你知不知道，柠檬她有先天性心脏病，她不能谈恋爱！你会把她害死的！

傅炎陌愣住了，张大的嘴巴，像被人扼住了喉咙。

我站在那里，胸口绞痛到骤然裂成两半，昏厥在了眼前的黑暗里。

5

很久很久以前，我在阳台养了一盆绿萝。

我每天趴在阳台上辛勤地给它浇水，期待着它早日绽放，但有一天我不小心把它碰歪了，它惨烈地摔在了周易面前，而楼下那个穿着白色卫衣的少年正仰着脸对我笑。

少年俊朗的模样，就这样被时光镌刻在了我萌动的年纪里。

那个时候，我还不知道周易在和青桃谈恋爱。直到青桃出来，我才知道他在等青桃，他牵着青桃的手离开的时候，又回头对我会心笑了一下。我跑着向父母打报告去了。

从此以后，我就极少再看到青桃笑了。

青桃患有先天性的心脏病，不能情绪过于激动，否则随时会病发。父母在极度伤心之下，想再生一个健康的孩子，可是，逃不过命运的捉弄，我和青桃一样，被命运这张大手拍死在绝望的沙滩上。

母亲知道青桃谈恋爱之后，强烈反对。

他们为了不让青桃再和周易见面，甚至给她休学，最后把她锁在家里。那段日子，青桃整日以泪洗面，面色一天比一天苍白，而周易，日复一日地等在楼下，扬起的脸，再无了初见的笑意，只有痛苦和悲伤。

直到我把青桃有心脏病的秘密告诉了他，他才泪流不止地恍悟，原来他一直以刽子手的身份在和青桃谈恋爱。从此，他消失在了楼下，消失在了我的眼底。

他消失的第二天，我抵不住青桃的哭诉便偷偷地把门打开，放她走了。

青桃追周易，死神追青桃。她穿着白裙子，赤脚跑过一条又一条的街，当她终于见到了周易，微凉的指间还未碰触到恋人的脸庞时，她就倒下了。剧烈的长跑，加之朝思暮想的周易出现，让她心脏在绞痛中停止了跳动。

听说那天，有个男人悲伤的声音惊散了芙蓉树上的一群鸟。我趴在阳台上，看着从蓝天中扑扑飞来的鸟，久久回不了神。

这是周易和青桃的故事。

青桃走后，父母变得寡言。他们觉得是他们害死了青桃，我觉得是我，而周易，他认为自己才是这场悲剧的终结者。我们每个人都有罪。

父母后来把我带到了周易的身边，彼时的周易已经是心脏科出色的医师。

周易把对姐姐的那份忏悔全部弥补在我的身上，他说柠檬，你一定会活很久，很久。

我问他我是不是也不能谈恋爱？他望着我，直到眼睛红了起来，他摩挲着我的手，温柔地对我开口，如果你觉得孤单，我就陪你一辈子，好不好？

我没有回答他，视线落在窗台的那盆绿萝花。

周易说绿萝是开不出花的，他这样说的时候，我的眼泪就落了下来。是这样的吧，我就像那一盆绿萝，在最好的年纪遇见了最好的人，却不能爱。

却，不能，爱。

6

从婺源回到那座城要两天两夜，路途颠簸不说，肯定会延误我的病情。周易思忖再三，决定先联系当地比较知名的心脏科的医生，暂且把我安置在这里，他打算等我身子好些的时候，再带我回去。

可是，我再也不想回去了。

我等了那么久，才等到这一天。我走了那么远，才走到这个地方。花开得正好，我还健在，为什么我还要去往那个未知的未来？

昏迷的时候，我做了一个梦。

我梦见周易抱着我，眼泪滚烫地落在我的脸上，他喊我的名字，柠檬啊柠檬啊，我已经失去了你姐，再也不能失去你了啊！

然后，我就被这个梦给痛醒了。

醒了的我看到了周易，他没有哭，也没有喊我的名字。他的脸就在我的眼前，他微笑地凝望着我，起满干屑的唇，发出低不可闻的声音，醒啦？

他干涩的嗓音令我鼻酸到全身虚脱。我看着他沧桑的脸，还有头上缠绕的白纱布，想抬起手摸摸他的脸，却使不上力气。我说，周易，你可不可以过来一下，抱抱我。

他僵硬的手指这才慢慢柔软，俯下身子，将我紧紧地抱住的一瞬间，有温热的东西濡湿了我的脖颈，他哭了。我轻轻地拍着他的背，一下又一下，安慰他，周易，你不要难过，我会替姐姐活很久很久的。

我的一句话令他有如芒刺在背，他竟像个孩子失声痛哭。

痛哭不已的还有站在病房外的傅炎陌。

傅炎陌永远不会知道，周易那么努力地成为一名心脏科医生，为的就是我这颗开不了花的绿萝。夜深人静的时候，他和我蜗居在阳台上，我看夜空里的星星，他看万花筒里的美景，他说，柠檬，等我有空了，我们第一个要去的地方就是婺源，看油菜花田。

所以，他一看到我的那条微博上的照片，就知道我去哪了。

周易不让我爱上任何人，可是，一直的一直，我都在和心里的他谈恋爱。

十三岁，他站在我家的楼下，我将绿萝摔坏在他眼前，他仰着脸，对我笑。

十四岁，他为了成为一名医生，抱着书本夜以继日，我站在他的身后淘气地帮他拔掉了几根白发。

十五岁，我在他的窗台，养了一盆绿萝，他告诉我，绿萝永远开不了花。

十六岁，父母把我带到他的身边，他摩挲着我的手温柔地对我说，如果你觉得孤单的话，我就陪你一辈子，好不好？

……

那些岁月，那些情话啊。我自己一个人偷偷收藏起来，用力难过，用心寂寞。

这些年来，周易可谓对我倾尽所有，我却在他的宠溺里成长得无法无天。直到傅炎陌的出现，我才渐渐活得舒服了点儿，不会因为想忙碌的他，而和胸口那颗不听话的心脏斗争得遍体鳞伤。

这些，周易永远都不会知道。

他只知道，要让柠檬好好活着，他的下半生好像都与我的生死纠缠在了一起。可是怎么办？我的宿命就是飘浮在空气中的泡沫，再坚强，也会破裂。

7

我问傅炎陌，你说人间悲剧多，还是喜剧多？

他面色沉静温和，再也不肯多说话，只是望着我。望得出神了，他会抬起手，微凉的指端碰触到我的额头，轻轻地摩挲着。我的病对他来说简直就是晴天霹雳。

我拍着他的肩要他一百个放心，我说我有周易呢。你知道周易吧？咱们那座城里最年轻最权威的心脏科医生呢。

傅炎陌笑笑，然后，我就开始喋喋不休地跟他讲有关周易的事。

早在最开始，我就把周易刻画成了白衣天使的模样。其实，他有很多劣习，青桃走后，他抽烟又喝酒，已经好些年，早已戒不掉。他抽起烟一点儿也不好看，总是一口一口地猛抽。他的酒量惊人，喝到胃抽揺，也喝不到醉的状态。

哦，他醉过一次，只有那么一次。

那时的他坐在沙发下，脚边是空酒瓶，不知道又想起了什么，他的眼神迷离又涣散。我像个幽灵似的空降到了他的眼前，水晶吊灯折射出来的光辉映照在我红扑扑的脸蛋上，他看着我的眼神一下子变了，因为我偷穿了青桃的碎花连衣裙。

他看着我，就那么一直看着我。然后，他把我拉到他的身边狂亲。酒精味，烟味，还有我那颗剧烈鼓动的心脏，在那间大房子里混乱地交织在了一起。他亲累了，酒精催着他入眠，我面色惨白地爬起来，然后捂着绞痛的心脏，一步步艰难地回到自己的房间。

那晚，我坐在我的小床上，捂着剧疼的心口一直傻笑，傻笑。

不知道周易还记不记得，曾有个女孩子，差点儿丧了命。

不记得也没关系，谁会跟一个喝醉了的人计较。只是偶尔的，我总会产生一种幻觉，我觉得周易当时亲的是我，不是青桃。

傅炎陌说他也产生过一种幻觉。

他说，曾有一刻，我觉得你是喜欢我的，到现在我才知道，你不喜欢我，你是可怜同样被命运不善待的我。

他说，从小到大，我的人生就一直面临着选择。小时候，父母离婚，就逼着我选爸爸和妈妈，于是我选择了同我相依为命的奶奶。长大后，挣了钱的父亲再次回来找我，问我跟不跟他走，我再次抛弃了他。后来，他给我开了一个账户，他每个月都会往里面打钱，我一次也没有动过，我一个人同他们斗争了这么久，我为什么要这么轻易地妥协。

他说，看着好吃的糖果，没想过要；看着别的同学穿着漂亮的衣服，没想过要；看着橱窗里漂亮的山地车，没想过要；但我现在终于有了想要的东西，那就是你。你要好好地活着，活着当个漂亮的新娘，当孩子的妈妈。你问我人间悲剧多还是喜剧多，对我来说，若你能长命百岁，人生就是喜剧。

我抬眼，泪一霎狂飙。

忽的就想起，初见他时，他眼中浅淡薄凉的桃色。想起他手中握着奶油小布丁，气喘吁吁地跑到我面前对我说，给。接着，有温暖的阳光掉在了他汗淋淋的脸上。

8

傅炎陌独自一人离开了婺源。

他要去找那个等了他十八年的男人，他终于肯做些无关自尊又美好的事。他说这世上唯一有资格照顾我的人就是周易，以前不懂人间为何要有这么多生离死别，现在他懂了，如果没有那些存在，我们就不知道谁才是最重要的人，谁才是最爱我们的那个人，谁才是那个直到最后也没走的那个人。

他走的时候，我站在阁楼的窗口发呆，合欢花在清风里一路向北飘。我比从前更确定，最重要的，最爱我的，最后也没有走的那个人，是周易。是那个打爆了电话也没联系到一颗匹配的心脏，而把电话摔碎在墙上抱头痛哭的男人。要怎么对他说出那句，周易啊，我难过的不是你不能救我，而是，你不能爱我。

不能爱我啊……哦，他一定会亲手掐死我这个念头的。

身体好些的时候，周易开车带我四处溜达了几天。我们去了婺源的古城，周易说婺源历史上曾归安徽管辖，最早最早的时候属古徽州，婺源算是保留的最完整的徽州古城的样貌，有句诗大概能概括这个古城韵味，“一生痴绝处，无梦到徽州”。

我口水特丰沛地啧啧了两声，嘲弄他装文人。

他见我高兴，哼着小曲把车子拐进婺源的水口庙。他最近不知怎么了，越来越信奉神灵这些东西，我看他一本正经地跪拜在佛前双手合十的样子，特不屑地站在一边试图端正他的思想，如果世上真存在如来佛祖和菩萨的话，他们就早就渡我了！

他不理睬我，闭着双目，很虔诚的样子。

我觉得无聊，一个人走到庙门口进了车里玩手机。过了一会儿，他出来了，坐在驾驶座上，身上浸润了庙里的檀香。他拉过我的手，将一串紫檀佛珠套在我的手腕上。

他说，好好戴着它。以前听别人说，佛珠的每一颗珠子的代表意义都是不同的，这一颗呢，是柠檬你要听话，这一颗呢，是柠檬你要好好的，这一颗呢，是……

有没有一颗是，柠檬，我爱你？我突然打断他的话，满眼是泪地望向他。

他愣了，接着陷入无言的沉默。

最后，他带我去看婺源的油菜花田，那是我们最初的约定。

由于地势偏僻，车子不好行驶，周易下了车一路把我背到了花田里。他走在田埂上，一步一步，带我走向花海的更深处。花瓣亲吻过我的脚踝，像天堂浅吻过海。

他的背，温暖而安宁。

第一次，他对我认真地谈起了话。他说，柠檬，回去之后，我就给你联系合适的心源，你要耐心地等，因为这些年我一直在等。

我趴在他的背上，说不出的难过。医生再三嘱咐我，不能再次情绪激动，否则会自己杀了自己。可是，刚刚我问他有没有一颗珠子是“柠檬，我爱你”的时候，我就已经举起了刀扎向了自己的胸口，很疼很疼，我却不敢告诉他。

我说，周易，你细心呵护了我这么多年，你从来不问我最想要的是什么。从来不问。就像现在，比起活着，我更想知道那个问题的答案。

周易的脊背僵了下，过了一会儿，他才把我往上拖了拖，他的声音含混不清地传来，柠檬，很久之前，你偷穿了青桃的裙子，我亲了你。你一直以为我醉了，其实我没醉。我一直吸烟酗酒，你当我是怀念逝去的青桃，可是，我很清楚不是，我吸烟酗酒的理由是你，是一样想爱不能爱的你，我一直很想摆正我对你的感情，可是，原谅我的失败……

我的眼泪止不住地流出来。我说，周易，我真开心，真……开心……

他不说话，背着我一言不发往前行。

他以为我看不到他的表情，我就不知道他哭了，他真粗心，他的眼泪全部掉了在我的手背上，一颗颗，滚烫灼人；一颗颗，无声无息。

我抬抬沉重的眼皮，问他，周易，天怎么一下子黑了？我看不到你了……

他的声音在颤抖，柠檬啊……柠檬啊……柠……

他的声音弱了下去，变成了低低的啜泣。

我很想答应他一声，却被死神扼住了喉咙，只能将惨白的脸贴在他的脖子上，当仅有的一丝呼吸没入空气中时，那串紫檀佛珠从我的手心里滑落下去，爱了这么久，累了这么久，我终于能安心地闭上眼，做一场再也醒不来的梦。

梦里，在我十三岁那年，我在阳台上不小心把一盆绿萝碰倒在了他的眼前。那时的他站在楼下，穿着白色的卫衣，仰着眉目清朗的脸对我笑。

从此，我得了这世上的另一种绝症，爱情。

它长长长，长不过我的悲欢。

它痛痛痛，痛不过我的执念。

我最想环游的世界就是你

唐 苑

1

沿路经过各种商铺，在距离苏宁电器五百米的地方有一家小酒馆，名曰“石头酒馆”，是我今晚的送货地点。

我经营了一家进口零食网店，每天放学后我都会将零食一件件打包寄出，网店开了半年，我爸看我的生意蒸蒸日上，给我买了辆小菠萝摩托车，我给车取了个好听的名字叫“奔腾”，几乎每天晚上我都开着它给本地客户送货。

其他班的人说：“许星晴是个市侩的女孩儿，眼里只有钱钱钱。”他们还用手机查了我的网店，本想嘲笑我的信誉，却突然哑口无言。

同桌赵梦露满脸愤懑地告诉我这些的时候，我不以为然地摆了摆手，不跟他们计较。

我敢打赌，说那句话的一定是群没有梦想的人，所以他们也就不会知道，网店的背后其实藏着我远大的梦想，就是开着我的“奔腾”，去全世界翱翔。

这倒也不能全怪别人，连赵梦露都不晓得，因为长得像只小乌龟而被她嘲笑惯了的“奔腾”，承载的不只是我的人，还有我未来的无限可能。

我的“奔腾”被无情扣押在了酒馆门外，那个狗眼看人低的保安凶巴巴地望着我，这儿的顾客非富则贵，在他眼里我只是个来占便宜的黄毛丫头，因为这儿可以免费停车。

我跟他的争执声把你引了出来，看见你，我突然哑口无言，心里只想叫那个骂骂咧咧一口一句“占小便宜”的保安马上住嘴。

你俯身瞧了瞧“奔腾”，拍拍它的屁股，挑起眉毛问我：“这家伙是你的？”

见我点头，你的眉眼绽得愈开了：“那开走吧。”

那个霓虹闪烁的酒馆门外，当“奔腾”的突突声在保安不服的眼神中响起时，我难掩得意吹着口哨离开的样子一定风尘仆仆。待我开远了，还听见身后传来你嘹亮的声音：“不服来辩！”

我完全能够想象身为酒馆老板儿子的你那副教训员工咄咄逼人的模样，尽管我总是心太软，但想到你是在帮我出头，还是勉强收起了对那名保安的怜悯之心。

那天晚上是我头一回近距离接触到了赵梦露的梦中情人，半路上我还因为这句话笑出了声，她果真眼光独到。

翌日放学时，我顺路载单车爆胎的赵梦露回家，她在空旷的地下停车场里惊喜尖叫：“许星晴，你去‘石头酒馆’了！”

一时间余音缭绕，我的脑海里涌出了许多张脸，全是你，很好看。

赵梦露一阵喜出望外后对我娇嗔地埋怨：“死丫头，去了也不通知我一声儿！”

我哭笑不得，自己对什么感兴趣她是知道的，我向来滴酒不沾，但当下我很想知道，她怎么知道我的踪迹？

在我疑惑的眼神中，她突然从“奔腾”的屁股后面解下一根系着小石头的红绳子。那是什么时候被绑上去的，我竟全然不知。

"'石头酒馆'会在顾客的每辆车上系这样的红绳子，这是他们的特色服务之一。"

接下来赵梦露还说了什么我已经听不太清，满脑子全是谁把绳子绑在我车上的事情。

那个凶神恶煞的保安成为我第一个排斥的对象，我抿抿嘴，顺手把绑着光滑小石头的红绳子系在右手上。

2

学校里大多数人都听闻过你，一个从不仗势欺人显摆背景的纨绔子弟。赵梦露更是对你的人品赞不绝口，平常我都只倾听，不发言，但那天"奔腾"行驶到一半突然没油，我的脑海里立马想起一个念头：都说你人品好，借我一点儿运气吧！

刚一扭头我便撞见了你，你脚踩着最新一季的Nike，优哉游哉地走向一条胡同。

我像是抓住了一根救命稻草，使劲儿把车拉到路边，迈着小碎步走向你的方向。

胡同深处住着几户人家，再往里是个荒废的旧沙场，小时候常常见到大人开车运送沙石过来堆放，后来很少有人出现在这里。

见到你的时候你正背对着我蹲在地上，四周空无一人，本想喊你又怕你受惊吓，我只得蹑手蹑脚地走过去一探究竟。

在赵梦露口中我听过许多个你，因出众脸孔而越发璀璨夺目的你，还有随性而又不失个性的你，但我从未听赵梦露说过，你还拥有这样的孩子气。

你从一堆沙石里面仔仔细细把一颗颗的小石头挑选出来的安静的模样，大抵他们都闻所未闻。

我俯下身子，抱着偌大的好奇心问："你在做什么？"

你许是被这突如其来的声音吓了一跳，身体微微颤了颤，继而抬起头看着我，一言不发。

被你仰视的场景实在令人尴尬，我只好蹲下来，与你对视，又重复了一遍。

你眉间微蹙："谁让你出现在这里的？"

我突然有点儿蒙，条件反射地回答："这又不是你家。"

我以为你会穷追不舍甚至用黑社会老大的语气说出类似"这是我的地盘"这样的话，但你瞟了我一眼，不再搭理我。

我忽然想起来的目的是想找你求助，连忙直奔主题："请问你能借我点儿钱吗？我的车没汽油了，开不了。"

"为什么？你是谁？"

话音刚落，我的脸顿时因窘迫而憋得通红："你忘了？我们在'石头酒馆'门口碰过面。"

你的表情没有丝毫变化，眼看着你没有一点儿准备帮忙的意思，我心想算了！转身就要离开。

"等等。"

你把我叫住，意欲与我进行等价交换："你帮我捡石头，我就借钱给你。"

我花了五秒钟时间思考这个问题，想想并不吃亏，于是蹲下来问你："这个，有什么要注意的吗？"

"捡块头小一点儿的，棱角不要太多，纹路越深越好看，捡完我都会拿去磨平，"你忽然瞄到我的右手，指着红绳子上的小石头告诉我："磨成这样。"

我戴着的小饰品居然是你做的，我有些惊讶，没想到男生的手能够如此巧，做出这样精致的东西来。

黄昏的霞光照耀在沙石堆上，一颗颗石头变得金灿灿的，看上去很美。我扪心自问，长大后做过听起来很傻的事儿，除了陪你一起捡石头，再无其他了。

你说话算话，当天色渐渐昏暗的时候我们已经捡了很多，你心满意足地从兜里掏出一张百元大钞塞到我手里："喏，快去加油吧。"

我目瞪口呆："不用那么多……"

没想到你自动过滤了这些，离开之前问了句："愿意干点儿兼职吗？"

我哪有那么多时间，直言："我晚上常常要去送零食……"

那天晚上我在辗转反侧了无数遍之后确定平常头一沾到枕头就能入睡的自己当真失眠了！你的这句不假思索的回答整夜在我耳边回旋："每周五下午放学后，不占你太长时间，酬劳不会让你失望。"

天亮之后我终于抱着复杂的心情承认，我堂堂一个自食其力的淘宝店主，就这样被你这个暴发户雇用了！

3

每周五放学你都会准时在校门口等我，八卦的同学们总爱对我评头论足，但是很少有人会说你的坏话，一传出和你在一起的绯闻，被骂得最多的总是女生。

你的人品是人尽皆知的，而我的努力向来无人问津。我早就习惯了，也不会特意避讳。你让我丢下"奔腾"坐上你的雅马哈，我打死都不肯"丢儿弃子"，你被逼无奈，终于屈服在我的"奔腾"上。

高大健硕的你开着小"奔腾"的样子看上去特别滑稽，即使是坐在你身后，我依然能够感受到你浑身上下透露着的不自在。可我不管，我跟我的"奔腾"在一起，还有钱赚，足矣。

捡石头的过程其实挺无聊，我真的难以想象从前的你一个人是如何周而复始地进行这项工作的，面对我的困惑，你只是一笑而过："当你喜欢一样东西时，只要是干有关它的活儿，根本不会觉得无聊，反而是种乐趣。"

我嗤笑一声："不就是块石头吗？这你都喜欢。"言下之意根本不觉得其有何特别。

话音刚落，你忽然从兜里拿出手机，按下一连串的照片给我看。

在一个充满黄色灯光的房间里，天花板和墙上遍布着非常好看的装饰品，颜色鲜艳润泽，看上去很舒服。

我正欣赏着这些画面，你冷不防地开口："想得到这些都是用石头做的吗？"

你真逗，我看看沙石堆上一颗颗平凡的小石头，又看看情调温暖的照片，连连摇头。

接下去的近距离拍摄叫我整个人瞬间变得瞠目结舌，原来真的全是石头，只是被你喷上了不同的颜色，感觉便上升了好几个层次。

"再平凡的东西，你用另一个角度去审视它，适度地改造它，也能够看到它独特的一面。"

你说出这句话时，眼神是我非常陌生的，但你的表情很认真，我想，这些石头特不特别我不知道，但那一刻我觉得，你是个特别的人。

人们通常不会无缘无故对一个人用情至深，而事物也一样，从你的眼神里我仿佛看到，你喜欢石头，自有缘由。

电光石火之间，赵梦露曾经说过的一句话浮现在我眼前。她说："林熙朗，他的人生并不简单。"

我突然对你的人生燃起了莫名的兴趣，但我所拥有的这一刻，其实是赵梦露期盼已久的。我于是拿出手机，借故保存你的号码方便以后联系，一边按下了那个今天早上烂背于心的号码。

你是个爽快的人，就在你埋头存取号码的时候，赵梦露如约出现了。

她冲我调皮地眨了眨眼睛："嗨，许星晴，可找到你了！"然后跑到我身边，蹲下来好奇地看着这些石头，指指它们问我："这就是你的兼职工作？"

我微笑点头，她又看了看我身旁的你，热情地朝你挥挥手："嗨，帅哥。"

你有些反应不过来，可能没想到还有人能找到这里。我向你介绍：“这是我朋友，她说有事找我，我就让她过来了。”

你恍然大悟地点点头，赵梦露不注意的时候，有一丝不自然在你的眼里一闪而过。

赵梦露是个阳光率直的女孩儿，即使你在身旁，她仍像平时那样咧嘴向我撒娇：“许星晴，今晚送些零食到我家里吧，都吃光了！”

我抿抿嘴说好好好，你突然问我：“你家里是做零食买卖的吗？”

出生在农民家庭的我不像你，你的父母是事业有成的商人，听赵梦露说，你的亲戚也都是腰缠万贯的有为人士，我摆摆手：“不是，我在网上开零食店，晚上就是个送货的，记得吗？那天在你家酒馆门外送货，车还差点儿被保安扣了呢。”

你沉思片刻，继而恍然大悟。

赵梦露把玩着小石头，她看起来对它们也有很大的兴趣，连连向你发问，成功转移了话题，和你聊到了一块儿去。

见赵梦露终于如愿以偿，正跟你聊得热火朝天，今天的石头也挑得差不多了，脚已经很酸，我干脆坐在了沙地上，拿出手机，开始盘算今天出售的零食能赚多少。

4

每次捡完石头你都会给我一张百元大钞，我自知这活儿根本费不了多大力气，但想想反正你家有钱，我又缺钱，没理由跟钱过不去，就都毫不客气地收下了。

一个月后赵梦露以我拥有双收入为由，让我请她去“石头酒馆”。我执意不肯，她吐吐舌头，说“许星晴你真抠”。

自从那次她有计划地和你“偶遇”之后，你们俩便成了朋友，彼时我已经背着赵梦露偷偷告诉你，她很喜欢你。你默不作声，但答应了我“约她出去玩”的请求。

赵梦露在鄙视完我不久就接到了你的电话，愣是憋到说完“再见”才敢暴露本性，冲着我就是一顿捶打。在我眼里赵梦露就是个疯婆子，高兴的时候下手真重，但我从不怪她，谁让她对我有过大恩大德呢。

在我的网店刚刚注册的那段时间，家里突然出现了经济危机，我因此有了休学打工的打算，但我爸把一切压力都往自己身上扛，不但继续为我交了学费，还支持我为梦想而创业。

我帮不上什么忙，唯有用通过买卖赚来的钱补贴家用。

网店生意真难做，竞争大不说，像我这样在学校的社交圈子狭小的人，要宣传起来更不容易，然而就在我绞尽脑汁焦头烂额的时候，新同桌赵梦露突然提出，她愿意帮我宣传。

赵梦露开朗果敢的个性使得她在学校里颇有人缘，有了她的帮忙，我的网店生意一时间非常火爆，我给家里的补贴一次比一次多，不得不佩服她的赵氏效应。

我该用怎样的语气来更好地描述我们的第一次相遇呢？尽管你已经不记得了，但我仍觉得那是我最刻骨铭心的时刻。

那大概是我这辈子最失态的样子，喝得酩酊大醉，明明已经数不清桌上有几个酒杯，却还一直嚷嚷着“干杯啊朋友”。

那阵子因为家里的经济危机，我一直闷闷不乐，有天晚上经过“石头酒馆”时，滴酒不沾的我竟然稀里糊涂地走了进去，很快把自己灌醉。你好心过来询问我还好吗，还遭来一身吐。我记得特别清楚，当时你的样子有多无辜。

有句话说，如果有人见过你最丑的一面，那么你将面临两种选择，杀了他，或者，嫁给他。

实不相瞒，我也曾想过不能就此放过你，那些恍恍惚惚的时刻里，你姣好的面孔已经成了我心里的烙印，要说对你有没有非分之想的话，其实是有的，在赵梦露没有提起过“石头酒馆”和“林熙朗”之前，是真的有过。

5

但你是真的忘了我，在我们一同捡石头的过程中，你从未提起过我在酒馆喝醉的事情。

我们总在黄昏见面，又在日落分别。我总是两手空空地来，又带回一张张的百元大钞。在你的世界里，我扮演的纯粹只是一个受雇者的角色，除却钱，我跟你似乎找不到其他交集了。直到这一天，你一如往常把一张红彤彤的百元大钞塞进我手里时，突然抬起头，用一种近乎恳求的语气问我："今天能不能多陪我一会儿？我给加班费。"

林熙朗，你把我当什么了？我许星晴是很爱钱，但还不至于为了钱而变成一只冷血动物，所以我很快从"奔腾"上下来，走到你身边，斩钉截铁地告诉你："如果你把我当员工，那我已经下班了，如果把我当朋友，麻烦收起你那两个臭钱，我随时奉陪。"

你苦笑了一下，夺过我手里的车钥匙，骑上了"奔腾"，冲我喊："上来吧，去吃东西，我饿了。"

你把我带到了自助烧烤广场，真是昂贵啊，一次烧烤就要花上好几百，够我陪你捡一个月石头了，我拉着你的衣袖就要走出门口，一边扯一边说："你不是饿吗？我车里还有好多零食。"

你哭笑不得地把我拉了回去，和你坐在一起BBQ的时候，我想，放弃对你的胡思乱想是我最正确的选择，你舍得花几百块钱吃顿饭，我却在做着分毫利润的小生意，这就是我们的距离。

你叫了几瓶饮料，从服务员手里接过来的时候你仰起头哗哗就喝了起来。

我把一只烤熟的鸡腿递到你面前，晃了晃你的手臂："林熙朗，你还好吧？"

语气像足了我喝醉那一晚的你，你把瓶子放下，望着我："你说，赵梦露好看吗？"

这算什么问题？我不假思索地回答："当然啦。"

你直言不讳："男生都喜欢好看的女生。那她可爱吗？"

"班里人称'第一萌系教主'"。

你点点头，"可爱的女孩子的确让人难以拒绝啊。"

从你的这番话里我听出了些别的含义，看样子你跟赵梦露真的有戏，那是她最梦寐以求的结局。

我已经为你向我宣布你们两个已经在一起了的消息做好了心理准备，你却突然语塞，接过我递给你的鸡腿，咬了一口。

我不再试图阻止你，心想赵梦露看不到你因为她而这么开心的模样真是可惜，她喜欢你，你也喜欢她，这是好事儿，的确值得庆祝。

我拿起桌上的冰柠乐猛吸一口。

嘶，好爽，眼泪差点儿飙了出来。

6

你今晚的模样看上去异常兴奋，你问我："许星晴，你有赵梦露好看吗？"

这不是明摆着让人难堪吗？我白了你一眼："还是她漂亮。"

"你比她可爱吗？"

既然你穷追不舍，我也就舍命陪君子："对不起，我长得着急了点儿，卖不了萌。"

"是啊……"

你恐怕喝饮料都喝得醉了，竟然不知死活地跟着附和，我还来不及发火，你却悠悠别过脸，用一种迷蒙的眼神望着我："奇了怪了，我为什么偏偏喜欢你呢？"

"许星晴……许星晴……许星晴……"这简简单单的三个字从你的嘴里说出来，竟然那么动听。

林熙朗，我耍了那么久的小聪明，却还是败在你手里。

在感情的世界里，我就是个弱者，天一亮，我们就散，阳光会把你的气息全部驱赶，顺便带走我的悲伤。

翌日回到学校，赵梦露满脸的忧愁让我有种做贼心虚的感受。她告诉我，每当她去找你，你总是对她若即若离，你说，校草级人物李正和慕钧都长得很不错，问她对他们感不感兴趣。

谁都知道你跟李正和慕钧是学校里的三剑客，赵梦露不是个傻子，她完全听得出来，你把她当成了足球踢来踢去，听到那句话，换作任何一个女孩都会很伤心。

我不敢提昨晚的事，摆摆手说别想太多了，找个时间我帮你问问他。

放学后我在拥挤的操场上撞见了你，还没开口，你却二话不说把我带到“石头酒馆”。

在酒馆的后厨房里，你带我穿过一条小隧道，打开门的那一刹，我惊讶地发现这是在你手机里见过的那个有着化腐朽为神奇韵味的房间。

石头装饰的墙，石头点缀的天花板，还有那些石头磨成的小饰品。这些东西拼凑在一起而产生的化学反应，完全颠覆了我之前对它的看法。

你拉着我一起坐在干净的地板上，开始给我讲那个关于石头的故事。

“石头酒馆”刚开业的时候并不叫这个名字，酒馆门庭冷落了两年，那时候你刚满十岁，在你爸想要放弃经营的时候，你在一节美术课上接到了老师布置的作业：“选取你身边任何一样平凡的小东西，把它拼成另一样东西。”

你正愁什么才是平凡的小东西呢？在放学时刚好经过沙石场，地上一堆堆的小石头引起了你的注意，你一下捡了几十颗，把它们装进一个空矿泉水瓶里拿回家。

你问爷爷：“把它们拼成什么好呢？”

爷爷是个老酒徒，举着白酒瓶子随口一说，它便成了你的创作灵感。

你的这幅名为《石头和酒》的作品赢得了老师的赞赏，她还在家长会上重点点名表扬，你爸受你启发，灵机一动，把酒馆改成了“石头酒馆”，还把它重新装修成了一种大自然风格，环境变得很舒适，气氛很好，酒馆生意日趋火热，你爸乐了，你对石头也渐渐产生了极大的兴趣。

7

我情不自禁对你竖起了大拇指：“你好像古代传说中的那种神童啊！”

你笑了笑，又马上变得严肃认真起来：“我昨晚想了一夜，你没赵梦露好看，也不够可爱，但我深深喜欢你，因为你就像这些石头一样，看上去再平凡不过了，但谁都不及你独特。”

我有些反应不过来，你又接着说：“你看上去很坚强，也真的像女同学口中说的那样，很喜欢钱，但幸好我看过你醉醺醺的样子，你说等你开始赚钱了，你就使劲儿拿给父母花，还要去银行开个户头，把剩下的全攒起来，去实现梦想。对了许星晴，你的梦想是什么啊？”

我有些热泪盈眶，这么久以来，第一次有人不问我为什么小小年纪就那么喜欢钱而是问及我的梦想，要不是碍于面子，那一刻我真想求求你：“可不可以别一次又一次地说到我心坎里去？”这样的你，我拒绝了，真的会觉得可惜。

再见到赵梦露时，她还是一副忧心忡忡的样子。

我问她，是不是你又说了什么伤人的话？她立马否认：“慕钧向我表白了。”

我错愕不已：“你俩什么时候勾搭上的啊？”

想起慕钧这段时间放学后经常出现在我们班门口的画面，我恍然大悟。

“许星晴，知道你原本冷冷清清的生意是怎么一下子变得异常火爆的吗？”

我点点头，“不是因为你的宣传效果好吗？你在学校本来就人气爆棚。”

没想到赵梦露道出原委：“更重要的原因是，我把你的名片发给慕钧了，是他帮我的，还有林熙朗和李正，他们替你招来了不少订单，我在你这儿下的单子，很多都是慕钧帮林熙朗订的。”

我听得一愣一愣的，意思是……你在暗中帮了我许多？

接下来的几节课，赵梦露一直是在眼泪中度过的。她说她心里很乱，两大帅哥她不知该作何选择，原本很喜欢你，慕钧的出现却使她有些动摇。

我的脑海里始终回想着她的话：“你不知道吗？‘石头酒馆’推出新活动，一次消费满一千块以上的客户都送进口零食，听说是林熙朗出的点子呢。”

我突然明白了为什么那么多本地顾客都约我在“石头酒馆”见面。

赵梦露趴在桌上哭得稀里哗啦的，我也偷偷掉了几滴泪。

黄昏时分，我们又在一起捡石头。我一直沉默不语，你终于按捺不住，突然问我：“许星晴，你考虑好了没有？”

“世界上还有比你更傻的人吗？有钱了不起吗？”

我故意装出一副生气的样子，东窗事发，你满脸的不知所措。

“下次直接找我，我们可以谈谈合作。”

至于赵梦露那边，我还是等她哭完再说吧。

对了，你一直很想知道，我的梦想是什么。

遇见你之前，我总梦想骑着“奔腾”环游世界，但这一刻，我终于能够大声地说，我最想环游的世界，就是你。